30代を無駄に生きるな

Shigehisa Nagamatsu
永松 茂久

きずな出版

人生の9割が決まる
この10年をどう生きるか。

- ■30代のうちにビジネスで結果を出したい人
- ■20代後半にさしかかり、30代に向けての準備を始めている人
- ■30代になり、ここからの人生を真剣に考え始めている人
- ■30代になり、部下ができて悩んでいる人
- ■30代になり、仕事、家庭、友人との関係性を考えている人
- ■上司との関係に悩んでいる30代の人
- ■30代の部下の指導に頭を悩ませているリーダー職の人
- ■40代前半で、自分の30代をもう一度見つめ直したい人
- ■転職、独立、結婚の決断など、人生の大きな岐路に立たされている人
- ■やりたいことをやるか、我慢するかで悩んでいる人
- ■30代を子育てに使い、ここから自分のやりたいことを始める40代ママ

この人たちに向けて、本書を贈る。

はじめに――

人生の一番大切な時期を惰性で生きるな

30代は大変だ。

独立起業するか転職するか、それともいまの会社で行けるところを目指すか。

結婚するか、独身のまま生きるか。

子どもをつくるか、つくらないか。

家を買うか、買わないか。

いまの人間関係のままで生きるか、それともいまの世界を飛び出して、新しい世界にいる人たちと出会うか。

やりたいことをやるためにある程度の犠牲を覚悟して生きるか、そんな夢物語のような危険な世界に入らず安定を維持するか。

ほかにもあげればきりがないが、30代はまさに「選択」と「決断」を問われる、人生で一番分岐点の多い時期だといえる。

ある意味、20代は、こうした決断は先のばしでもなんとかなる気がする。

しかし、40代でこの分岐を決定するのは、いささか遅すぎる感も出てくる。

そう考えると、まさに30代が一番リアルに決めごとの多い大変な時期なのだ。

40代半ばに差し掛かったいま、経営者として、また著者として、仕事上、多くの方たちと話をして気づいたことだが、いわゆる成功者と呼ばれる人に共通する1つの事実がある。

それは「30代を惰性で生きていない」ということである。

この本を手にとってくださったあなたは、おそらく30代、もしくはこれから30代に入る準備をしているころなのではないだろうか。その年代ではなくても、少なからず、今後の自分の人生に不安を感じている人ではないだろうか。


時代は変わった。それは元号が変わっただけではない。

いまこの瞬間も、あらゆる物事が凄まじいスピードで進化し、変化し続けている。

一方で、その変化についていけず、将来に不安を抱く人も多い。

そんな不安があふれるいまの時代、人生を難しく考えるより、「なんとかなる」と、そのモヤモヤ感を先延ばしにしながら生きるほうが楽だろう。

だからこそ、「いまのあなたのままでいい」と言われれば、安心するかもしれない。


「人はいつだって変われる」

「人生はいつからでもやり直せる」

「あなたはあなたのままでいい」


そんな言葉を目にしたり、本を読んだりするたびに、「私はこのままでいいんだ」と、ホッと胸をなでおろしている人は少なくはない。

しかし、少し俯瞰《ふかん》して考えてみてほしい。

あなたのまわりに、「時代が変わったから、性格がガラリと変わった」という人がいるだろうか？　少なくとも、私はそんな人をほとんど見たことがない。

ネガティブな人は何をしてもネガティブだし、トラブルメーカーと呼ばれる人は、どこへ行ってもトラブルを起こす、それが現実だ。

つまり、性格は外的要因によって大きく変化すると一概には言いきれない、ということを意味している。

それに加えて、人は歳を重ねるたびに、良くも悪くも頑固になっていく生き物だ。まわりの大人や上司を見ても、なんとなく納得できることであろう。

だからこそ、まずは自分を知る必要がある。

将来を見据え、このまま進んでいいのかの判断を、あらためて自分に問うてほしいのだ。

私自身、事業として出版や講演、コンサルティング、コーチングという、人の人生にダイレクトに触れる仕事についている経験のなかで、

「本当にいまの自分でいいと思っていますか？　年収、人間関係、いまの立場も全部そのままでいいですか？」

と聞くと、多くの人が、

「いや、本当はいまの自分のままじゃ、イヤなんです」

と答える。

本書はこのような、自分の人生に問題意識を抱えている人に向けて、少しでもこれからの生き方のヒントになるように書くことにしたい。

「そんなことはない。いまのままの自分でいいんだ」と自分自身で納得している人、もしくは変化や進化することを恐れる人にこの本は向いていない。そして、そういう人に向けては書くことはしないし、したくてもできない。

その理由は2つ。

1つめは、この移り行く時代のなかで、変わらなくていい人など存在するはずがないと、私自身が思っているから。

そして、もう1つは、「どんな変化が来ても、しっかりと時代に対応しながら道を切り開いていきたい」という思いの人に向けて書こうとするとき、「いまのままでいいじゃん。変わらなくていいんだよ」という論調を織り交ぜてしまうと、未来をともに考えていこうと思っている前者の方たちを迷わすことになるからだ。

それを本書の大前提にすることを、ご理解いただきたい。

これらの理由から、本書はあなたを安心させることを目的とはしていない。

あくまで、30代という大変な時期を生きるあなたの人生が、より素晴らしいものになることを着地点としている。だから伝えづらいことも、あえて本音で書きたいと思う。

人生は30代で9割が決まる。

こんなことをいうと、20代前半や40代以降の人に怒られるかもしれない。しかし、30代と40代の柔軟性はまったく違う。私のまわりで、40代で何かを変えようとしている人もいるが、その多くの人たちが「30代の倍の時間、労力がかかる。もうちょっと早く始めたらよかった」と口にする。

かくいう私も30代のころは、たくさんの挑戦をしてきた。もちろん、いいことばかりではなかった。いろんなことに失敗したり、恥をかいたりしながらではあるが、やりたいことはできる限りやってきたほうだとは思う。

しかし、そんな私でも、30代と比べるとフットワークが重くなった。そのことを日々、実感している。だからこそ身軽に動けるうちに自分の理想の未来を明確にしておく必要があると、次世代を生きる30代のあなたには声を大にして伝えたい。

あなたがここからの人生をもっと豊かなものにするために、どうすればいいかを考え、行動するモラトリアム、つまり猶予期間が30代の10年間なのだ。

冒頭にも書いたが、仕事が本格化するのが30代。

転職や結婚、出産、マイホームなど、人生を左右する決断を迫られるのも30代。

社会における野心や自分という我が出てくるのも30代。

そして、これまでの人間関係に別れを告げることが多い時期も、おそらく30代だろう。

だからこそ、30代をどう生きるかで、これからの人生の9割が決まるのだ。

捨てるものは惜しみなく捨て、未来へ向かう準備を整えることを求められるこの大切な時期を、しっかりと立ち止まって自分と向き合って考えてみるのか、それとも現実から目をそらし、時代やまわりの人に流されながら、決断を先送りしながら過ごすのか。

どちらがあなたの未来にとって得な選択かは、もうすでにわかるはず。

この本を手にとってくれたあなたは、30代をどう進んでいけばいいのかという問題意識をすでに持つことができている人だ。そして、そういう人は必ず成功する。

少々前置きが長くなってしまったが、本書を読む前にもう一度、自分に問い質してみてほしい。

「30代をどう生きるか？」

まだその答えが出ない人にこそ、この本を読んでほしい。

ちなみにこの本はメイン読者として30代の男女を対象に書いたが、もう1つ対象にしている世代がある。

それは、子育てを終えて、これから自分のやりたいことを始めたいと思っている40代のママたちだ。

子育てをする女性は約10年の社会ブランクを余儀なくされる。しかし、子育てを終えて、自分の人生に彩りをつけるという意味では、40代ママはその10年を引き算すれば、30代と同じ条件ということになる。

まず初めに、このことをご理解いただきたい。

本来、冒頭に伝えるべきことが最後になって申し訳ない。
あなたがこの本を手にとってくださったことに、心から感謝したい。
この本を読み終えたとき、その答えがあなたの心のなかにしっかりと刻まれることを祈って、本書を始めることにする。

もくじ

30代を無駄に生きるな

第1章

30代で身につけておくべき考え方、捨てるべき考え方

第2章

30代で身につけておくべき人間関係力

第3章

30代で身につけておくべき仕事力

第4章

30代で身につけておくべき人に好かれる力

第5章

30代で身につけておくべき習慣力

終章

30代をどう生きるか

第1章

30代で身につけておくべき考え方、捨てるべき考え方

30代、あなたはいまどこに立っているのか？

■オアシスにたどり着けなかった青年の話

こんな寓話がある。

ある青年がオアシスを求めて旅をしていた。焼けつくような砂漠のなか、コンパスも地図も持っていない状態だった。

「いったいオアシスはどこにあるんだろう？」

途方に暮れていたとき、青年は一人の老人に出会い、いまの状況を話した。

幸運にも、老人はオアシスまでの地図とコンパス、そして少しばかりの水を青年に渡してくれて、その場から立ち去った。

「これでやっとオアシスに行くことができる」

老人の姿が見えなくなるまで見送ったあと、青年は一安心して、少し休憩してから、再び出発した。

しかし、結果として、青年はオアシスにたどり着くことができなかった。

理由はたったひとつ。

自分がいまどこにいるのかが、わからなかったからだ。

■なぜ初めに「現在地を把握すること」が大切なのか？

ここからの生き方を考えるうえで、まずあなたにやってほしいことがある。

それは、いまあなたが立っている場所を明確にする、ということだ。

「はじめに」にも書いたが、本書は最短であなたが思い描く理想の30代にたどりついていただくことを目的としている。

そのために最初にやっておくべきこと。

それは「いま、自分がどこに立っているのか」を、あなた自身が知ることなのだ。


車の運転を例に挙げて、考えてみよう。

現代の車には、ほぼ100パーセントといっていいくらい、ナビゲーションシステムが標準装備されている。

そして、目的地に向かうとき、まずあなたが最初にすることは、ゴール地点を設定することだ。

しかし、いくらナビで目的地を設定しても、現在地がわからないと、そこにたどりつくまでのルートは検索できない。

もちろんナビゲーションシステムは、衛星であなたの現在地を知ることができるが、人生はそうもいかない。よほど優秀なメンターがついていない限り、あなた自身が俯瞰して自分の立ち位置を知る以外に方法はないのだ。

つまり、あなたが目指す場所があったとしても、いまいる場所を明確にしなければ、そこまでの行き方を検索することができない。

いきなり自分の現在地といわれても、ピンとこない人も多いだろう。

しかし、それを知らずして目的地まで歩き出すことはできない。

だからこそ、まずは、あなた自身がいまどこに立っているのかをしっかりと把握しておく必要があるのだ。

ことさらいう必要はないかもしれないが、もちろん現在地とは、あなたが住んでいる場所や、あなたがいま立っている物理的な場所のことではない。

これはあなたのいまの「状態」のことを指す。現在地を知ることはつまり、「あなたはいま何者なのかを、あなた自身が把握する」という意味だ。

■いまの自分を棚卸ししてみよう

たとえば誰かに、この前置きをせず「あなたは何者ですか?」と聞くと、多くの人は「IT企業で働くビジネスマンです」「一児の母です」「起業したばかりのフリーランスです」と、いまの職業や社会的ポジションを答えるだろう。

しかし、それだけがあなたのすべてだろうか？

私はそうは思わない。

むしろ、仕事以外の部分こそ、その人の本質が隠されていると思う。

しかし、職業以外で自分を表すとなると、途端に自分が何者なのかわからなくなってしまう人が多い。

それならば、まずはいまの自分を知ることから始めよう。

そのために必要なのが、「自分の棚卸し」である。

自分の棚卸しとは、

- **あなたは何が好きで、何が嫌いか？**
- **あなたは何が得意で、何が不得意か？**
- **あなたが今後やりたいこと、やりたくないことは何なのか？**
- **あなたの人生のゴールは何なのか？**

・あなたが大切にしたいことは何なのか、手放したいものは何なのか?
・何に幸せを感じていて、何に不満を感じているのか?

など、思いつく限り項目を立てて自分をこまかく分析し、具体的に書き出してみることである。

その際、パソコンや携帯に打ち込むのではなく、なるべく手書きをするほうがいい。

なぜなら、文字を入力するのと手書きをするのでは、頭のなかに刷り込まれる重みがまったく違ってくるからだ。

ひとつずつ、丁寧に考えながら書くと、自分という人間をあらためて客観的かつ俯瞰的に見ることができるようになる。

自分がどんな人間なのかがわかると、いまの自分の位置がわかる。そこをしっかりと把握することで、自分が理想とする未来や、そこにたどり着くまでの距離、必要なことがらが見えてくる。

要するに、自分の棚卸しとは、いま30代であるあなたが行きたい場所と、現在地を明確にするGPSのようなものだ。GPSが作動している状態でナビを設定すれば、あなたは間違いなく目的地に到着することができる。

反対に、自分の居場所を把握せず、闇雲に車を走り出させてしまえば、貴重な時間を奪われるだけでなく、無駄な労力やお金を使うことになりかねない。それだけでなく、最悪、目的地に到着できない可能性もある。

そうならないためにも、まずはいまの自分を知ること。

そして、あなたが本当に行きたい未来・現在地を明確にすることが大事だ。

ここをきちんと理解したうえで、ここからの話を読み進めてほしい。

30代のうちに、いかに自分を身軽にできるか？

■柔軟性があるうちに、無駄な思考やモノを手放そう

いまの時代は本当に流れが早い。

1年前に流行ったものが、すでに過去のものになってしまうことだってめずらしくはない。

そのスピードを見越してどう行動できるかで、私たちの力も測られてしまうことだってある。

「すべてにおいて行動の早い者たち、見切りの早い者たちが勝ち組になる」と言うと少々オーバーな気もするが、少なくともいまの時代がスピード勝負であることは紛れもない事

実だ。

しかし、せっかくスタート地点に立てたのに、なぜか重い荷物を背負いながら、走り始めようとする人がたくさんいる。

ここでいう「荷物」とは、捨てられない無駄な思考やプライド、過去の失敗体験、物理的に足を引っ張ろうとする人間関係などのことを指す。

たとえば50キロの荷物を背負って走るのと、荷物なしで走るのとでは、身体への負担や走るスピードもまったく違ってくる。

当然ながら、ゴールにたどりつくまでのタイムにも大きな差が出る。

あなたが全力で走りたいと思うなら、なるべく余計な荷物は置いたほうがいい。

過去に囚われ、大きな荷物を抱えているなら、柔軟性のある30代のうちに思い切って手放す勇気を持つべきだ。

■20代までの自分を悔いる必要はない

そもそも、過去に得たものすべてを抱えながら、ここからの長い人生のマラソンを走り切ろうとすること自体、無理がある。

スタート地点に立つことは大事だが、それよりもまずは自分がどんな荷物を持ちながら走ろうとしているのかを考えたほうがいい。

そして、本当に必要なものだけを残し、不要なものは潔《いさぎよ》く手放してしまおう。その覚悟ができた人だけが、本当に自分が目指すゴールテープを切ることができるのだ。

逆もしかり。

あなたが「20代をダラダラと過ごしてしまった」と思っているとしても、まだゆとりをもって取り戻すことができる。それも30代に許された特権だ。

いまの時点で過去をそれほど悔いる必要はない。いまならいくらでも取り返しがきく。むしろ、ふり幅が大きいぶん、あなたの人生にプラスのギャップを生むことができる。

つまりは、「え？　あの人がそんなに変わったの？」と人をびっくりさせることだってできるのだ。いままでの人生から離脱し、ガラリと生まれ変わることができる可能性が非常に高いのも、30代ならではの特権なのだ。

30代のうちに、いかに足元を固めることができるか？

■「信頼残高」という無限の宝を手に入れる

30代は「お金持ち」ではなく「人持ち」を目指すべきだと私は思う。
人持ちとは、もう少しくわしく言えば、「人からの信頼持ち」という意味になる。

肩書きやお金の額ではなく、ありのままのあなた自身を信頼してくれる人を増やそう。

掛け値なしで信頼してくれる人こそ、あなたの足元を固める手助けをしてくれる財産になる。

年齢的に30代はまだまだ足元が不安定な人が多い。そのせいか、地盤の固い場所を探し「あそこに移動したほうがいいのかもしれない」と考えてしまいがちになる。

しかし、大切なのは、あなたがいまいる場所の足元の強固さであり、そこに立つあなたの足腰の筋力だ。そもそも移動しようとしても、あなたの足腰が揺らいでいたら、うまく移動することができない。最初の一歩を踏み出すことすら危うい状態になるだろう。

だとしたら、いまいる場所の足元を固めることが先決であり、それをしないことには、どこに移動することもできない。

■自分の「あり方」を大切な人にシェアする

そのためにやらなくてはいけないのが、先に述べた「自分の棚卸し」であるが、さらにそれを身近な人に知ってもらうことが、あなたの足元を固める力になると私は考える。

私の話を例にすると、自分の棚卸しをして書いた紙をメンターや家族、仕事仲間や近し

い友人に見せることを習慣化している。たとえば、

「原稿は夜書くから、朝は11時まで寝る」
「基本的にネクタイは締めない」
「夢を追うが、人に夢は強制しない」
「人の話を最後までしっかりと聞く」
「その場にいない人の悪口を言わない」

など、小さいことから大きいことまで、こまかく書いた紙を家族や仕事仲間たちに一読してもらうのだ。すると、「あなたってこんなことを考えていたのね」とか、「最近はこんなことを思いながら仕事をしているんだ」と驚かれることが多い。

家族というのは不思議なもので、ひとつ屋根の下に住んでいても、意外と知らないことが多いものだ。「あなたの奥さんがいま一番好きな食べ物は何？」と聞かれて、即答できる旦那さんは少ないだろう。

同時に、「あなたの会社の部長が、いま一番ハマっているものは何?」と聞かれて即答できる社長もそう多くはない。夫婦も家族も仕事仲間も時代とともに変化し、お互いの関係性も徐々に変化していくのである。

しかし、それは悪いことではない。

関係性が変わるのは、お互いが進化し、成長している証拠だからだ。

だからこそ、自分を理解してほしいと思うなら、いまの自分の思いや夢を相手に伝えるという行動を、能動的にやらなければいけない。

「家族だから、夫婦だから、言わなくてもわかってくれる」などというのは、ただのわがままであり、幻想に過ぎないのだ。

そして、家族だけではなく、あなたの身近にいる仕事仲間に伝えることも大事だ。

■30代でやっておくべき大切な足元固めワーク

ここでひとつ質問をしよう。あなたが「信頼できる」と思う人を思い浮かべ、その人たちに共通することは何かを考えてみてほしい。

何人思い浮かべたかは個人差があるだろうが、何人であろうと、間違いなくその人たちに共通することがある。

それは、「あなたに心を開いている人」ということだ。

人は、自分に心を開いてくれる人を信頼する。

これは、仕事や恋愛など、人間であれば誰でも共通する心理だ。

つまり、信頼持ちを目指すには、まずは自分から心を開くことが大前提にある。

そのためには、自分がどんな人間なのかを相手に伝え、知ってもらうことだ。

より多くの人から「信頼できる人」というタグを手に入れることができれば、そのぶんだけ、あなたの足元を固めることに必ずつながっていくであろう。

これこそが、30代にやっておくべきあなたの大切な足元固めのワークだ。

30代のうちに、自分の強みを知る

■あなたが普通にやっていることで、人から驚かれたことはあるか？

出版支援のコンサルティングや、夢支援のコーチングをしていると、あまりにも自分の価値に気づいていない人が多いことに驚かされる。

たとえば、「あなたが人に誇れるものは何ですか？」と聞くと、9割の人が答えられないという実情がある。

しかし、彼らが誇れるものを持っていないというわけではない。

自分の強みが何なのか、わかっていないだけなのだ。

自分の強みとはひと言でいえば、

「自分では普通にやっていたにもかかわらず、人から驚かれたこと」

である。

そう考えると、誰でもひとつやふたつ、自分の強みを持っていることに気づくことができるはずだ。しかしそれでもなお、自分の強みが何なのかを知ることができない人も多い。

先日、コンサルを受けにきたある男性に「あなたはいままで、どんなことをしてきましたか？」という質問をしたとき、

「私は弁護士を5年ほどやってきたのですが、弁護士の世界ではまだまだ新人なので、弁護士が自分の強みとは言えません」

と答えた。そこで私が、

「弁護士を5年もやってきたなんて、すごいじゃないですか。それはあなたの強みですよ」

と言うと、

「いえいえ、私の上司は弁護士を30年もやっています。そんなベテランの方からしたら、

私なんてまだまだです」

とのこと。

彼は一般の人が驚く〝弁護士〟という素晴らしい強みを持っているにもかかわらず、そこには一切触れようとしない。そればかりか、むしろ隠しておきたいことのように感じられるから、とても不思議な気持ちになった。

■自分を客観的に見る目を身につける

これはめずらしいケースではなく、彼のような人は意外と多い。

そして、こういうタイプは過去の自分に囚われており、つねに人の目を気にしすぎる傾向がある。

「いままでやったことないから、できるわけがない」

「上には上がいる。僕なんてまだまだ……」

そういった思考が根づいており、自分を否定しがちだ。

たしかに、誰でも自分のことは意外とわからないものだが、自分が選んだ職業、アイデンティティを否定するほど悲しいことはない。

たとえ劣悪な環境で働いていようと、必ずや何かしらの学びや気づきがあるはずだ。そして、その学びや気づきをキャッチできるか否かは、つねに自分を俯瞰して見ることができるかどうかにかかっている。

いま、悲しんでいる自分。いま、がんばっている自分。いま、楽しんでいる自分。

そして、「自分を俯瞰的に見ることができる自分」に気づくこと。

俯瞰といっても、自分の姿が見えないくらい遠い空の上から自分を見る必要はない。

「未来の理想の自分が、いまの自分を見ている」

そんなイメージをもちながら、自分を見ることができればベストだろう。

すると、理想の自分といまの自分を比べて「自分には何が足りないのか」が徐々に見えてくる。

そして、その足りない部分を埋めるという作業を、この30代という10年間で徹底的におこなうのだ。

30代のうちに「素敵な勘違い力」を身につける

■やっぱり思考と言葉は現実化する

人は、自分の未来を想像力で見ることができる。

目を閉じればドラえもんに会うこともできるし、地球の裏側にも月に行くこともできる。

そう考えると人の想像は無限だ。

「それが現実と何の関係があるの？　そもそもドラえもんなんかいるわけないでしょ」と
あなたは思うかもしれない。

たしかにドラえもんはいないかもしれない。

それに、実際はほとんどの人が月に行くことなんてできないかもしれない。

しかし、人は面白いほど、自分で想像したことに現実が引っ張られていくものだ。

これは机上の精神論ではない。科学的にも証明されている事実であり、「潜在意識」が関係する話である。


人が具体的に何かを想像すると、脳が無意識にそこに向かって動き始めるという理論は、脳科学的にも証明されている。

たとえば、「外車が欲しい」と思ったら、外車に関する情報を見かけることが突然増え出したとか、「こんな人と仕事がしてみたい」と思ったら、そういう人と偶然出会うことができた、など。

おそらくあなたもそんな経験をしたことはあると思う。

これは偶然ではない。科学的に考えてもその必然性は明白なのだ。

「良い想像をすれば、良い現実につながる」と言うと抽象的な表現になるが、これは脳の機能なのだ。

たとえば、「男運がない」と口癖のように嘆いている女性は、「男運がない自分」をつねに意識し、その思考が現実を引き寄せる。

引き寄せとはつまり「自分の無意識が一生懸命その現実を検索し、見つけ、そしてつくり出している」ということなのだ。

運やまわりのせいではない。すべてはその人の思考や考え方が招いているのだ。

拙著『言葉は現実化する』(きずな出版)のなかでも書いたが、口にする言葉と思考を変え、理想の自分を具体的に想像すれば、あなたの人生は必ず好転する。

■「言葉」と「行動」を変えるだけで簡単に理想を実現できる

未来の自分をハッピーに設定し、最強の自分を強く脳内に刷り込ませることを、「**素敵な勘違い**」という。

素敵な勘違いは、あなたが普段意識していることが、あなたの脳の潜在意識を動かし、あなたを理想の未来に無意識的に引っ張ってくれる。

そして、その無意識は、行動をプラスすることでさらに効力を増す。

行動とは、「意識的にいい言葉を使うこと」であったり「あなたが理想とする未来をすでに実現している人の近くに、積極的に学びにいく」ということであったりする。

もしくは、あなたが目指す理想を実現している人たちのコミュニティに入ったり、話を聞いたり、本を読んだりすることにより、その人たちの行動、言動を吸収する。

こうしたアクションを起こすことで、あなたは自分の理想を現実化する力をさらに得ることができるのだ。

■登った人に道を聞け

余談だが、私の父の教えのひとつに、「登った人に道を聞け」という言葉がある。頂上に行きたいなら、頂上に行った人に登り方を教わったほうが早いという意味だ。

この教えは、いまの私をつくる原動力になった言葉のひとつであり、ビジネスやコミュニケーションを構築するためにも活かすことができる大切な教えだ。

そして、この言葉には「**誰かに教えを乞《こ》うことは、恥ずかしいことではない**」という意味も含まれていると理解している。

何歳になっても学ぶことはできるといわれる時代ではあるが、前述したとおり、40歳を過ぎて学ぶのと、30代で学ぶのとでは、吸収力がまるで違う。

であれば、30代のうちになるべく多くの知識を吸収しておいたほうがいい。

そのためには、あなたが目指す人たちに会いに行き、話をすることだ。

30代はまだフットワークも軽く、時間にもお金にも余裕がある。であれば、とにかく行動し学ぶこと。それができるのも30代に与えられた特権なのだ。

30代のうちに、社会の矛盾や現実を受け入れる器を持つ

■社会とは矛盾に満ちた素晴らしき世界

社会に出たばかりのころは、仕事ができる、できないよりも、上司や先輩から可愛がられる人が評価される。その現実がなんだか腑《ふ》に落ちないという思いをしたこともあるだろう。

たしかに、仕事はどんな業種であれ、一人ではできない。

だからこそ、20代のうちはとくに、上司や先輩と協調しながら円滑に仕事をすることが重要であり、そこでは卓越した才能や豊富な知識はそれほど重要視されることはない。

つまり、コミュニケーション能力が高いほど、ビジネスの評価も比例し高くなるという一見、矛盾した現実がある。

であれば、自分の評価を上げたいと思ったとき、いかに上司や先輩に可愛がられるかがポイントになるわけだが、その方法は新人研修のカリキュラムのなかには入っておらず、誰からも教わることはない。

少し話がそれるが、私の実家は飲み屋がひしめく商店街にあり、幼いころから、昼間からビールを飲むおじさんたちがたくさんいる道を通って帰宅することが習慣化していた。おじさんたちは決まって、「ちゃんと勉強しなきゃダメだぞ。おじさんみたいになるなよ」とか、「仲間を大切にしろよ」と私に声をかけてくれた。

いまとなっては、昼間から酒を飲むおじさんたちに「ちゃんと勉強しろよ！」と言われたら思わず笑ってしまうかもしれないが、当時はそんなことに気づかず、「うん、おっちゃん、ありがとう」なんて笑顔で返事をしていた。

そんな環境にいたせいか、私は昼間からビールを飲むことが悪いこととは思わないし、おじさんたちを「社会のはみ出し者」と思うことはいまでもない。

むしろ、働いているのかさえわからないようなあのおじさんたちに「楽しく生きること」を教えてもらったような気がする。


よく、学生時代に生徒会長や学級委員をやっていた優等生タイプの人ほど、社会に出たときに苦労すると聞く。

彼らにとって常識こそが正義であり、それを社会にも求めてしまうから苦労するのではないだろうか。

たしかに彼らのようなタイプは、あの酔っ払いのおじさんと触れ合うような機会はなかっただろう。

仮にあったとしても、正義を振りかざし、「昼間からお酒を飲むなんてやめたほうがいいですよ」と冷たい言葉を口にする可能性もあるかもしれない。

だからこそ、彼らは社会に出て苦労をする。

なぜなら、社会とは矛盾だらけの世界だからだ。

一方、学生時代やんちゃだったり、自分の好きなことしかしないオタクだった人のほうが、社会に出て頭角を現すことも多い。

これは、社会がつねに矛盾を抱えていることを、無意識に学んでいるからだと私は考えている。

実際、私も小学校のころから近所の露店のたこ焼き屋の手伝いをしていたくらいだから、あまりまともな部類ではなかったかもしれない。しかし、いま振り返ると、そのおかげで学校では教えてくれないようなことを、先輩や仲間たちから課外授業で教えてもらったような気がする。

そう考えると、幸か不幸か酔っ払いのおじさんと日常的に顔を合わせるという環境や、いまでは見かけなくなった不良専門学校のような場所に身を置いていたことで、「社会とは正しいことが通用しない矛盾した世界」ということを無意識に学ぶことができたのだと思う。

つまり、あの酔っ払いのおじさんや、とても理不尽な上下関係の厳しさを教えてくれた先輩や仲間たちは、ある意味私にとって人生の師匠であったのだ。

■20代でのあまえ意識をさっさと捨ててしまおう

とはいえ、私自身も社会に出たての20代のころは、腑に落ちないことに直面し、苦しんだ時期もあった。

正しいことを正しいと認めてもらえない。

やりたいことを思い切りやることができない。

努力に結果がともなわない。

そして、理想と現実がかけ離れていくことに、とまどい、あせり続けた日もあった。

当時は自分だけがつらいような気がしていたが、いま思えば、まわりから「若い」ということで、逆に許されていたこともあったような気がする。失敗してもいつもフォローしてくれる先輩がいたり、叱ってくれる師匠がいた。

だからといって、助けてくれる存在に頼ってばかりではいけない。そのことに気づいた人こそ出世も早く、30代でぐんぐん伸びる人材だと、いまはわかる。

だが現実は、30代になっても若いことを言い訳にしている人も少なくない。

そういうタイプは30代になった途端、まわりからの風当たりがぐっと強くなるが、その理由すら気づいていないのかもしれない。

30歳という年齢になったその日から社会の目線が変わる。たった一日の違いであっても、29歳と30歳はまったくまわりの対応が変わるのだ。

つまり、30代になると、あらゆる物事に対して、あまさを捨てる必要があるのだ。

そういう意味でも、30代は20代の惰性で生きてはいけない。

ここをしっかりと覚えておこう。

30代のうちに、いかに自分の考えの軸をつくるか

■コメンテーターやネットの書き込みに、必要以上に振り回されていないか?

たまにテレビをつけると、ニュースや事件に対して、MCやコメンテーターがさまざまな意見を話しているのを目にする。

普段ほとんどテレビを見ない私が目にするくらいだから、いったいどれだけこういった評論がこの日本全国にあふれているのだろうと、不安になる。

ひねくれているかもしれないが、そういった番組の裏には「とにかく視聴者の共感を得たい」という制作者や出演者の思惑が隠れているように思えてしまう。その出来レースに

違和感をおぼえて仕方がない。

一方で、顔が見えないネットの世界では、同じニュースや事件に対し、罵詈雑言《ばりぞうごん》が飛び交う。匿名だからこそ言いたいことを言い、ストレスを解消しているような、人間のダークな部分が露呈している。

そんな世の中だからこそ、「自分ならどう思うか？」という問題意識を持たないと、人の意見を鵜呑みにし、世間の意見に流されてしまうことになる。

たとえばタレントや著名人が不祥事を起こし、謝罪会見をしているシーンをよく見かけるが、あなたはそれをどのように見ているだろうか？

多くの人はMCやコメンテーターの意見に賛同したり、批判したりしながら見ていると答えるだろう。

しかし、それは他人の意見に○×を付けているだけであり、自分の意見とは言えない。

とくに30代は、自分という人間をどこまで確立できるかがその後の人生を左右する肝《きも》となるが、その第一ステップこそ「世間に流されない自分」をつくること。

そして、流されない自分を確立するために、あらゆる物事に対して2つの視点をもつことが大切なのだ。

■「自分ならこうする」というはっきりした意志を持っているか？

その2つの視点。

まず1つめは、「**もし自分がこの立場だったら、どうふるまうか**」という視点。

たとえば、「自分が謝罪する立場だったら何と言うだろうか。どんな表情で、どんな思いでこの場に立つだろうか」という視点で見ること。

2つめは、「**自分がその人の近くにいる立場だったら、どうふるまうか**」という視点。

つまりは「自分の大切な人が謝罪会見をしていたら、私はどんな気持ちになるだろうか」という視点で見ることである。

この2つの視点で物事を見ると、途端にいままでとは違った思考が浮かぶだろう。それこそがあなたの本心であり、オリジナルの視点なのだ。

普段の生活のなかでも、こうした視点を意識すると、電車の中吊り広告ひとつとっても見方が変わってくることに気づくだろう。

電車や街中で「おっ！」と目を引くポスターや広告があったら、「なぜ心に刺さったのか？」「つくった側の意図はなんだったのだろうか？」「自分ならどんな言葉にするだろうか？」

そんなところを無意識に観察している自分に気づくはずだ。

もし、あなたが「社会に振り回されている」とか「自分がない」と感じるなら、あらゆることに対してこの2つの視点を持つことを意識しよう。

そこで思い浮かぶ思考こそ、あなたならではの意見であり、その意見があなたというキャラクターを確立するための基礎となるのだ。

30代のうちに「自分で決める」意識を身につける

■まわりに流される生き方から卒業しよう

日本人は、まわりに染まりやすい傾向がある。

多くの人は、みんなが右を歩いていたら、自分も迷わず右を歩くだろうし、みんなが止まったら自分も止まる。そこに疑問を抱くこともないし、みんなと同じことでむしろ安心して行動できるのだ。

特有の同調圧力のなかで育てられた私たち日本人は、同じ制服を着て、同じバッグを持って学校へ行くことが当たり前になっている。そのせいか、個性を育てるという教育がほかの国に比べて著しく欠けていると私は感じる。

もうひとつ、とかく日本人は、他人と違うことをする人を否定的な目で見る傾向がある。「自己主張は悪だ」という暗黙の空気と常識が強い国であるため、自己PRが下手な人が多すぎる。

学生時代を経て、社会に出たばかりの20代は、仕事のメインは「教えてもらうこと」だ。しかし、30代になると、途端に自分を試される機会が増えてくる。

たとえば打ち合わせやプレゼンでの立ち振る舞いで、同期との差を顕著に感じたことはないだろうか？

つい最近まで同じ立ち位置にいた仲間が、急に自分から離れていくような感覚に陥り、あせりを覚えることが増えてきてはいないだろうか？

なぜ、その差が出るのか？

それは教わったことをただインプットするだけでなく、それに対して自分の意見をプラスし、オリジナルの答えをアウトプットできるか否かが、明確な差となって表れ始めるのが30代だからだ。

つまり、みんなが右に行けば、何も迷わず右に行くという思考から抜け出し、自分の意志を持ち、それをアウトプットできる人が、まわりを出し抜くことができる。

そして、こうした意識を30代で持てない人は、ここから先も一生その意識を持てない人生を送ることになる可能性が高い。

■赤信号、みんなで渡れば大惨事

先日、テレビで芸能人が、とある50代の男性から「投資詐欺にあった」と相談を受けているシーンを目にした。

その芸能人が「なぜ、投資をしたの？」と聞くと、50代の男性は「みんなやっていたから」とポツリと言った。

彼は、その芸能人に説教されてうなだれていた。

そもそも専門家でもない芸能人に詐欺被害の相談をさせる番組のつくり手側のやり方もどうかとは思うが、彼はまさに問題意識を持たない、世間に流されている典型的なタイプの人である。子どものころ口にした「赤信号、みんなで渡れば、怖くない」を、心の奥底でいまだに信じているのだ。

考えてみてほしい。

赤信号は、みんなで渡ったらときに大惨事になることだってある。

だからこそ、みんなが右に行っても自分は左だと思えば、左に行く勇気を持つこと。

自分で納得して選んだ道なら、万が一、間違ったとしても他人のせいにすることはない。

つまり、30代は良くも悪くも自分の行動・言動に責任を取ることを意識すべきなのである。

30代で経験しておくべき「負ける」ということ

■「負けたくない」という思いの裏にある現実を知る

いまあなたは、「この人だけには負けたくない」と思う人がいるだろうか？

迷わず「います！」と答えたとしたら、伝えにくいが伝えなければいけないことがある。

残念ながら、そう思っている時点でいま、あなたはその人に負けている。

目先の利益に飛びついてしまいがちだった20代とは違い、30代になると先々のメリットまで見えるようになるだろう。そういった先見力が磨かれる30代だからこそ、まわりの人と比較したくなってしまうのだ。

他人と比較して優劣をつけたがる気持ちは持って当たり前。

競争が激しくなってくるがゆえに、自分のほうが負けていることに気づくと、自己肯定感を傷つけられ、無意識的に相手のあら探しを始めてしまうのだ。

そういう感情が出始めるのも、人生の勝ち負けが現実味を帯びてくる30代ならではの特徴かもしれない。

■負けた相手から学ぶことはできるか？

かくいう私も、まわりを意識してばかりいた時期があった。

30代前半のとき、すでに居酒屋を経営していたが、期待したほどの売り上げを得ることができず悩んでいた時期があった。

そんなある日、少しでも参考になればと、私のメンターが知っている居酒屋に連れて行ってくれた。その店は人気があると話題の居酒屋で、入ってみるとあきらかに私の店よりも繁盛していた。

店を出たあと、メンターに「なあ、茂久。さっきの店どう思う？」と、聞かれた。

私は、負けているという悔しさも相まって、「サービスもいまいちだし、味もそこまでとは……」と答えた。

すると、メンターはこう言った。

「そうだよな。たしかにそうかもな。だけどな、茂久、残念だけどお前の店、いまの時点であそこに負けているんだぞ」

がーん。一瞬、言葉が出なかった。そんな私にメンターは続けてこう言った。

「負けたら悔しいよな。あら探しもしたくなるだろう。だけど、それをしていたらまた負ける。その気持ちをぐっと抑えて、なぜ、あの店が繁盛しているのか、その〝なぜ〟の部

分を考えたほうがいい。その学びを取り入れることができるようになったとき、やがてお前は勝てるようになるよ」

その言葉を聞いて、身体のなかに電流が走ったような衝撃を受けた。いままで一度も、「なぜあの店が自分の店よりも繁盛しているか？」などと考えたことがなかったからだ。

それからというもの、繁盛している飲食店を徹底的に研究し、〝なぜ〟という部分を追究して売り上げを上げることに成功した。

この出来事を通して、成長するために負けた相手から学ぶことの大切さを知った。素直に負けを認め、さらに「なぜ負けたのか」を追究する癖をつける。そして、その〝なぜ〟がわかれば、必ず成功につながることを身をもって体験したのだ。

悔しい思いを引きずり、負け惜しみを言っても前には進めない。

むしろ、そのネガティブな態度は第三者の目にも触れ、余計にかっこ悪く見られてしまうこともある。

それでは何の得もないし、何の成長もない。

つまり、あなたが「負けたくない」と思っている人がいるなら、その人は間違いなく、あなたの成功へのキーマンだということだ。

その人から学び、その人にあって自分にないものを探す。

そういう意識を癖づければ、あなたは必ず成功する。

「負ける力」こそ、勝利への第一歩なのだ。

30代のうちに、批評側ではなく、行動する側にまわろう

■指導する立場の気持ちを理解する

30代はまだまだ若い。定年間近のおじさんたちから見ると、30代は自分の子どもと同世代であり、我が子のような親近感を抱くこともあるはずだ。

自分のお父さん世代の上司に怒られたり、注意されることが多いのは、親目線で見られているという理由もあるのかもしれない。

しかし、これだけ「パワハラだ、セクハラだ」と騒がれている現代では、部下や後輩を怒ること自体タブーとされている風潮がある。そのため、言いたいことがあっても、言わ

ずに留めておこうという人もたくさんいるはずだ。

そもそも、誰だって怒りたくはない。

怒るにはエネルギーがいるし、怒ったところで相手がどう変わるかわからない。「会社を辞める」なんて言い出すかもしれないし、そうなったら自分のせいになる。だから「当たり障りなく」がお約束になっている。そのように保身に回り、怒らない人が増えてしまったことも、ある意味仕方ないような気もする。

しかし、そんな風潮やリスクに負けず、あなたを怒ってくれる上司や先輩がいたら、まずはその指導法うんぬんを論じるより、むしろ、その上司の心意気に感謝すべきだと私は言いたい。

30代は、どうしても自分を高く評価してほしくなる年代でもある。

社会の仕組みもわかり、仕事にも慣れることで、必要以上におごってしまうこともある。

だからこそ、たまに怒られたりすると落ち込み、さらには反発したい気持ちになる。

しかし、怒られたり注意されたりする人こそ、じつは「期待してくれている人」だと断言することができる。

なぜなら怒るということは、あなたを「成長させたい」と思っている証拠だからだ。
そう思えば、怒られても落ち込むことも反発する必要もないとわかるだろう。であれば
なおさら怒ってくれることに感謝をし、相手の言葉を受け入れることに徹するべきだ。

■成功運を上げたければ、とにかくバッターボックスに立て

もうひとつ、怒られ続ける人には特徴がある。

それは「行動している」ということだ。

行動しない人は、やがて怒られなくなる。そういう人は、ここでは外して考えてほしい。

行動する人はそのぶん失敗もする。しかし、これは大いに評価に値する。

なぜなら、「つねにバッターボックスに立っている」ということだから。

バッターボックスに立ち、バットを振っている人、つまり行動している人は、やがてヒットやホームランを出すようになる。最初は誰もへたくそで当たり前なのだ。

しかし、いまの世の中では、ネクストバッターズサークル、もしくはベンチに座ったま

ま、「あのピッチャーはこう投げる」とか「あのバッターはこう打たないからダメだ」と、みずからは打席に立たずに、チャレンジしている人を評論している人が多すぎる。

塁に出るチャンスは、バッターボックスに立った人にしかやってこないのだ。

人生の先輩たちの話を受け入れるということは、バッターボックスでヒットを飛ばすためのヒントを得ることだと考えよう。

そして、いざバッターボックスに立ったとき、

「空振りをしてもいい。とにかく一度でも多く打席に立つんだ」

と思える勇気は、あなたを必ず光ある未来へ連れていってくれる。

運はバッターボックスに立った数に比例する。

30代はまず、いかにバッターボックスに立つかが一番大切なこと。

大切なことは、いきなりヒットやホームランを打つことではない。打率を意識するのはまだ先だ。いつかホームランを打つ、その日のために、とにかくバッターボックスに立つこと。

その準備こそが、知識を得ることであり、先に経験した人の話を聞き入れ、行動するということなのである。

第2章

30代で身につけておくべき人間関係力

30代で人間関係が変わっていくことを恐れる必要はない

■いつまでも同じ仲間ばかりとつるんではいないか？

30代になっても、「いまだ学生時代の友だちと毎週飲みにいく」という人がいる。もしあなたがそれに当てはまるなら、一度自分を見直したほうがいい。

変わらず仲がいいのは最高にいいことだ。しかし、ビジネスに力を入れれば入れるほど、交友関係や人脈に変化が起きる。

ということは、あなたが進化するほど付き合う人が変わっていくのが本来あるべき姿だ。

まわりの友人も、もしあなたと同じように一生懸命仕事をしているとしたら、30代の社会的ポジションでは、「お互いに忙しくてそんなに顔を合わせていられない」という状態が、関係の健全性としては一番高いはずだ。

人間には、進化したがる人間と進化したがらない人間の二種類が存在する。

もし、あなたに近い人たちが進化したがらない人間であれば、この先、前に進もうとするあなたの進化の妨げになっていく可能性が高い。

だからこそ、同じ30代のなかでも、あなたが31歳のときと39歳のときでは人間関係がガラリと変化していなければならない。なぜなら、進化をしている人間は歳を重ねるごとに確実に格上の世界に駒を進めているはずだからだ。

必要以上にいまの人間関係に依存するのはやめよう。

流れが早いこの時代では、人間関係においても、「変化することが安定」と考えよう。

■まわりの人との価値観の共有に手を抜かない

「いまの人間関係は大切なんだ。だから仕事も仲間たちとの時間も大切にしたい」

そう思うこともあるかもしれないので、その解決方法もお伝えしたい。

しっかりと自分の道を進みながら、同時にいままで共に歩いてきた人たちとも良い人間関係を築くためやっておくべきこと。

それは何をおいても、いまあなたの近くにいてくれる人に、いまのあなたの価値観を伝え、そして共有することだ。

友人、夫婦、恋人、両親、子ども、もしくはコミュニティ。

いろいろな関係の線でできあがっている人間関係においては、この価値観のまめな共有こそが、コミュニケーションのズレを埋める働きをしてくれる。ここに全力を尽くし、相手があなたのことをしっかりと理解してくれれば、そのコミュニケーションが円滑になり、あなたのことをしっかりと応援してくれるはず。

もしそこで足を引っ張られるような相手であれば、最初からその関係性は損得だけで結びついていたものだと割り切り、あなたはあなたの道をしっかりと進んでいけばいいのだ。

30代は大切なものをとことん大切にせよ

■「嫌いな人の良い面」なんかご丁寧に探さなくていい

時間というものはじつに不思議なもので、好きな人といたり、好きなことをしている時間は非常に短く感じる。一方で、苦手な人と時間を共有しなければならないときは、とんでもなく長く感じるものだ。

そんなときの対処法として、「どんなに苦手な相手でも、相手の良いところを探して、そこにフォーカスしましょう」などと言う人がいるが、私はこれに異を唱える。

人生は嫌いな人に時間を使うほど長くはない。

ただでさえ多忙な30代という時期を、無理をしてまで苦手な人に意識を向けることに使う必要はないと思っている。

その人がいくらその場にいなかったとしても、そうして相手のことを考えているということは、相手に自分の時間をくれてやっているようなものだ。

何より人が抱く強い不快感や嫌悪感は、思った以上にパワーがあり、多大なエネルギーロスをしてしまう。それではあなたの大切な時間がもったいない。

■好きな人との時間をいまの3倍に増やそう

とはいえ、いままでの人間関係を突然スパッと切るわけにもいかないかもしれない。

であれば、好きな人と過ごす時間、好きなことをおこなう時間をめいっぱいつくろう。時間が埋まっているという既成事実をつくれば、苦手な人からの誘いを堂々と断ることができる。

そういうシンプルな考え方でいい。

好きな人との時間をとことん増やすことで、あなたは当然ご機嫌になる。すると、まわりの人も幸せになる。

そのためにも、好きな人との時間を可能な限り増やすのだ。

人は相手を判断するとき、その人の本質や事実よりも、まずはなんとなくの直感で、どんな人なのか判断をすることが多い。

いつも楽しそうな人なら話しかけたいと思うし、その輪に入りたいと思う。

となると、あなたを取り巻く仲間たちの印象が、あなたの印象を決めるといっても言い過ぎではない。

であればなおさら、あなたが好きな人、そうでない人の線引きをする必要がある。

そのために必要なことは、まずはあなたの時間を使う人の取捨選択をすること。

世間体やしがらみなどを一切外し、本当に大切な人は誰なのか、自分が誰といると一番自分らしくいられるのかを考えてみよう。

自分が本当に大切に思う人としっかりお付き合いをすることも、30代にとっては大事な仕事である。

30代のうちに、まわりを活かせる力を身につける

■優秀な人間を、どれだけまわりに集めることができるか

自分の経験を振り返っても、仕事で接してきた人たちの経験を振り返っても、「自分」という我が一番強く出るのは、平均すると間違いなく30代だ。

社会に慣れ、それなりのポジションにつき始めるこの年代になると、「評価されたい」「自分一人でなんでもこなしたい」という気持ちが出始めることもめずらしくはない。

しかし、仕事というものは、基本的にチーム戦で動いていることを覚えておこう。

とくに30代でチームのリーダー的ポジションを任せられるようになった人は、メンバー

一人ひとりの動きが、あなたの評価を決めるファクターとなる。
自分のまわりにいかに優秀な人を置くことができるか。
そして、その人たちが、どれだけあなたのために一生懸命力を貸してくれるのか。
ここがあなたの評価につながることを、とりわけ意識すべきだ。

おかげさまで、私はこれまでずっと人には恵まれてきた。
この〝出会い運〟の良さだけは誇ることができる。
そしていまも、ありがたいことに私のまわりは非常に優秀な人が多い。

主宰している塾の塾生のなかには、キャリアゼロ、知識ゼロ、しかも田舎町の主婦でありながらコーチングで毎月100万円稼ぐようになった女性や、初作でいきなり3万部を超えるベストセラー作家になった人、2000店舗を超えるフィットネスクラブの日本ナンバーワン指導者など、そのジャンルの第一線で活躍し続けている人が多い。
そういうタレントだけでなく、裏を支えてくれるプロジェクトチームのなかにも、私が一番苦手とする組織づくりや経理とシステムの部門を担い動いてくれる協会ビジネスのプロや、元大手百貨店の経理担当者、年商80億円を超える企業のシステムを一手に引き受けているITの担当者がいてくれる。

一人ひとり紹介すると、この項目が延々と長くなってしまうくらい、私以上に自分の専門分野を一手に把握し、管理してくれる優秀な人がたくさんいる。

いま私がこうして執筆に集中できているのは、まちがいなく彼ら、彼女らのおかげだと言い切ることができる。

指導者にも恵まれた。過去を振り返ってみても、20代、30代、そのときそのときで必要なことを教えてくれるメンターやキーパーソンと出会い、導いていただいたのだ。

■「人に頼る」という思いを「人を活かす」という思いに変える

では、どうすれば出会い運が良くなるのか？

そこを考えたときに、思いつくコツがある。

それは、困ったことや必要とすることを、その分野のエキスパートたちに「教えてください」と素直にお願いするということだ。

よく、「社長やリーダーはすべてを把握していなければならない」という人がいるが、私はそうは思わない。

社長だからといって、すべてのジャンルにくわしくなければいけないとは思わないし、人間であれば必ずひとつやふたつ苦手なものだってあるはずだ。いや、かえってそういう人のほうが、目立った得意分野以外は穴だらけだったりすることも多い。

であれば、その分野のプロに素直に力を借りたほうがよっぽど話が早いし、全体が効率的にまわる。

自分がどうしても苦手だと思うことは、素直に人にお願いすればいいのだ。

「苦手なことを人に晒すのは恥ずかしい。ダメな人間だと思われてしまう」

そんなことはいっさい思う必要などない。

ましてや、バカにされたり、見下げられたりすることもおそらくはない。

たとえあったとしても、そんなことは結果から考えれば大した問題ではない。

おそらくあなたが思う以上に、何かに特化した力を持っている人たちというものは、自分の出番を待っている。事情を話し、素直に頭を下げれば、「待ってました」と喜んでやってくれる人がほとんどだろう。

まずは自分の苦手な分野を明確にし、その分野に強い仲間をあなたのまわりに置くこと。チーム戦であればなおさら、まわりの人の力があなたの力量になる。

であれば、まずは自分の弱点とまわりの人の強みを把握することが先決である。

そのためにも、日ごろから誰がどの分野のエキスパートなのかをリスト化しておくといいだろう。頭のなかでは把握しているつもりでも、紙に書き出してみると意外な人脈の構図が見え、自分が困ったとき誰に相談するべきかが明確になる。

優秀なビジネスマンは、得てして人を動かすのがうまい。

頼っているように見せて、じつは「活かしている」のだ。

こういうタイプをステージメーカーと呼ぶ。

この力を30代のうちに身につけることができるようになれば、あなたのこれからの人生は飛躍的に豊かなものになっていくことを約束する。

30代のうちに、知っておくべき「紹介」のルール

■紹介者を飛び越さない

30代になると責任を持たされるポジションにつく人が増えるが、それにともない、職場やプライベートで出会いの場も増えてくる。

誰かを紹介してもらった場合、とくに立ち振る舞いや言葉遣いに細心の注意を払いながら会話をすることを、肝に銘じておかねばならない。

そして、よくトラブルの原因になりがちなケースがある。

これは紹介者を飛び越して、いきなり紹介された人とダイレクトに繋がろうとしてしま

うパターンだ。

ここの筋道を理解できず、この手のトラブルを起こしてしまう人は、びっくりするほど多い。

紹介してくれた人の存在は、たとえ何年経っても決して忘れてはいけない。

たとえば、紹介者をAさん、紹介される人をBさんとしよう。

Bさんを紹介してくれたあと、あなたとBさんの関係をAさんに相談、報告することを忘れてはいけない。

「先日ご紹介いただいたあの方に、直接ご連絡させていただいてもいいですか？」

「あのあと、Bさんとこんな仕事をさせていただきました」

「Aさんのおかげで、Bさんとこんな展開がありました」

こういった相談、報告をするだけで、Aさんは「筋道をわきまえている人だな」と安心し、また必ずあなたを助けてくれるだろう。

とくにビジネスシーンにおいては、この事前、事後報告を忘れてしまえば、二度とAさんから人を紹介してもらえなくなる可能性もある。

これは川の流れに似ている。出会いをくれる上流の流れがせき止められてしまうと、紹介を受ける立場にいる下流にいる人間は、水が干上がってしまうのだ。

逆にいえば、少々手間をかけてでも、この上流を大切にしていけば、あなたのところには随時水が流れ込み、干上がることは決してない。

とにかく人の紹介シーンというものは繊細なのだ。気を遣って遣いすぎることはない。

あなたとBさんがおこなったビジネスについて、ほかの人の口からAさんの耳に入るようなことがあったり、Aさん以上にあなたとBさんが親密な関係になったりするのも、まだ関係性ができて間もないうちは、なるべく避けたほうがいいだろう。

つまり、紹介者であるAさんに「飛び越えられた」と思わせない心遣いが大切なのだ。

簡単に言うと「紹介者に礼を尽くす」という表現が適切かもしれない。

■紹介の上流を大切にする

これは、社会で働く女性はとくに気をつけておくべきだ。

女性に比べ、男性はどちらかというと、縦のつながりを重要視する生き物だ。だからこのバランスをとることに長けている。

これに対して、女性は横のつながりを重視する。

これは人類がずっと積み重ねてきたDNAに刻まれた本能のようなものだろう。

あくまで私の経験値での主観だが、この仕事上のトラブルは女性のほうが多い気がする。トラブル後、フォローに入っても、本人は「何が悪いの？　だったら紹介なんかしてくれなくてもよかったのに」と、さらっと居直っているケースが多い。

しかし、社会には社会のルールというものがある。

ビジネスにおいて、素敵な人を紹介してくれるということは、イコールその後のビジネスの飛躍、利益の獲得、そして人生の充実という、かけがえのない財産をいただいたのと同じことだ。本来は、お礼や報告くらいでは追いつかないくらい価値が高い。

「そんなに固いものなの？」とあなたは思うかもしれない。

しかし、ここの繊細な部分をこまやかに対応することで損することは決してない。

そして、その信頼こそが、今後のあなた自身のビジネス人生を左右することはまず間違いない。

いくら面倒くさくても、このように無視してはいけない社会の暗黙のルールがある。

学生はおもに横社会であるゆえ、まだその感覚が抜けきっていない20代のころは、そういったヒエラルキーが明確に把握できないこともある。

しかし、30代になるといやおうなしに社会のヒエラルキーが顕著に適用されるようになり、紹介の際に礼を尽くせるかどうか、それがひとつの人間性においての評価基準になる。

その差は、ほんのわずかな心遣いで決まるのだ。

このヒエラルキーを把握したうえで、自分が関わる人との関係をどう構築していくか考えるのも、30代ならではの課題のひとつである。

30代のうちから「安定」や「平凡」なんか求めるな

■転職前の3か月をどう過ごすかで、その先が決まる

日本人はなぜか「平凡」という言葉を好む。

その裏には、「とびきり嬉しい出来事があるより、平凡でいいからイヤなことがないほうがいい」という、日本人独特のことなかれ心理が隠されているように思える。

しかし、30代のうちから困難や成長にともなう犠牲から逃げてはいけない。

困難から逃げれば逃げるほど、そのツケは次第に大きくなり、あなたの身に降りかかることを忘れてはいけないのだ。

たとえば、あなたがあと3か月で会社を辞めるという決断をしたとする。

その場合、「早く辞めたい。早く3か月が過ぎないかな」と思いながら仕事をするのと、「残り3か月だ、あとを濁さないようにがんばろう」と思って仕事をするのでは、間違いなくその後の未来が変わってくる。

残りの3か月間を死に物狂いで働くことができたら、あなたを見るまわりの目が変わるし、飛び立つあなたをみんなが応援してくれるようになる。

引き止められたり、寂しがられたりすることで、あなた自身の意識も変わり、それが次の仕事にも必ず良い影響をもたらす。

反対に、「早く時間が過ぎないかな」と思い続け、トーンダウンしながら仕事をすると、新しい職場でも必ず同じような事態に陥いるし、残る同僚たちからも応援をされることはまずない。さらには転職した先で、以前よりももっと悪い事態になる可能性が高い。

あなたが上司と折り合いが悪いことが嫌で、転職を決めたとしよう。

その上司から逃げるために会社を辞めたなら、新しい仕事場ではそれ以上に嫌だと思う上司に出会うだろう。

つまり、折り合いが悪い上司からの学びを得ることができないまま逃げてしまったなら、天は再びあなたにその学びをクリアさせようと、さらに大きな試練を与えようとするのだ。

そして、そのループは、あなたが学びを得ることができるまで永遠に続く。

たくさんの人たちを見てきて不思議に感じることだが、これはおそらくひとつの法則のようなものだと思う。

■波乱万丈《はらんばんじょう》、どんとこい

もしあなたが、「どこに行っても嫌な人がいる」とか「いつも同じようなことで悩んでいる」と思うなら、それは外的要因のせいではない。あなたに原因がある。

それを知らず、何かあるたびに「誰かのせい、会社のせい、世の中のせい」にしているとしたら、学ぶべきことを得ていないことになる。

そうならないために、あなたは自分自身の未来のためにも、目の前の苦労や困難から逃げないほうがいいのだ。

逃げてばかりの人生では、あなた自身が進化することができない。

どれだけ楽な道を探そうとしても、人が進化・成長するためには多少の波乱が起きて当然だ。困難やある程度の犠牲を払うことを放棄した先に、成功はない。逃げずに目の前の課題をクリアする。そう意識すると、不思議なことに波乱のほうが逃げていくことがある。

何かを成し遂げたいなら腹を据え、「波乱万丈、どんとこい！」くらいの気持ちで構えておこう。すると、「意外と大したことなかったな」なんてことが多い。

往々にして、あなたが恐れている波乱の正体なんてそれくらいのものだ。

波乱を標準値に設定しておこう。そうすれば、ほぼすべての出来事が「想定内」と認識される。

想定内であれば、何も怖いことはないだろう。

この本の冒頭から何度も繰り返してきたが、とくに30代は、あらゆる面で変化を必要とされる時期。

新しいこと、体験したことのないことにチャレンジする機会を自分の手で掴むのだ。

そして、そんなときこそ、「波乱万丈、どんとこい」の精神で恐れずに進もう。

30代のうちにこそ「礼節」を身につけよ

■親しき仲だからこそ礼儀を重んじよ

「親しき仲にも礼儀あり」

この言葉の意味を、多くの人は理解しているだろう。

しかし、実際に行動できているかと聞かれたら、あなたはどう答えるだろうか。

社会に出るまでは、礼儀というものに対してさほど意識をしていなかったという人もいるだろうが、礼儀こそ社会人としての最低限のマナーであり、どんなシーンにおいても礼儀なくして信頼関係は築けない。

たとえば、もっとも身近な存在に「家族」がいる。

家族だからと携帯電話を勝手に覗いたり、部屋のなかを見たりするような配慮を欠く行動をしてはいないだろうか。

いくら身近な人といえ、プライバシーを侵害してはいけない。ここを侵すのは単なるあまえだ。かえって、もっとも身近な存在だからこそ、もっとも気を遣うくらいでなければいけない。

友だちに対してはどうだろうか。

20代は学生時代のノリを引きずったまま気軽につき合えていたが、30代になるとお互い仕事が忙しくなったり、家族ができたりして、互いの生活に変化が出てくる。

そこを理解せず、つき合いが長いから理解し合っているはずだと思い込み、平気で相手の時間を自分の都合に合わせようとしたり、もしくは相手の人格を否定するような発言をするなど、知らぬうちに相手の自尊心を傷つけてはいないだろうか。

これからも長いつき合いをしたいと思う人であれば、なおさら相手の価値観を尊重しなければならなくなるのだ。

■ビジネスシーンは礼節で決まる

ビジネスシーンにおいては、30代ともなれば、それなりに礼儀に関して配慮ができるようになる。しかし、社長や上司、またクライアント先の人という目上の人にだけ、礼儀を重んじてはないだろうか。

たしかに、あなたの評判を決定する人は社長や上司だ。しかし、本当の意味でのあなたの評価は、あなたのもっとも近くにいる仕事仲間が決めるといっても言い過ぎではない。

いま、あなたがチームや部署を統括する立場にいるとしたら、あなたの下で働く人たちにどんな態度で仕事をしているか考えてほしい。

先輩だからといって横柄な態度をしていたり、自分の仕事を部下に押し付けたりしてはいないだろうか。

もし心当たりがあるなら、いますぐ姿勢を変えよう。

そんなことで、あなたの評価が下がるのはあきらかにもったいない。

いくら外部の人からは評判が良くても、もっとも近くにいる人からの評価が低ければ、あなたは間違いなく内部の人間につぶされてしまう。

評判とは、あなたのことをこまかく知らない外部のものより、あなたといつも一緒にいる内部のほうがパワーがある。

逆をいえば、少々外部から誤解されるようなことがあっても、内部がしっかりとあなたを支えていれば、やがてその現象は台風のように消えていくことになる。

まあ、どちらにしても、外部も内部も大切にしておいて損はない。

相手の肩書きや年齢などに左右されず、分け隔てなく礼儀を重んじ、まわりと上手に調和を図りながら生活をする。

その心構えも、この30代で身につけるべき大切なことのひとつである。

30代は「想像を超える未知との遭遇」を大切にせよ

■同世代ばかりに浸からずに、格上の世界に飛び込め

私自身、いままでの人生を振り返ると、社会に出てからのほうがあきらかにスピードが速く、刺激的で楽しいと感じている。あなたはどうだろうか？

学生のころもそれなりには楽しい。しかし、それはあくまでも狭い社会のなかの話だ。社会に出たほうが行動範囲も広がり、それにともない交友関係もぐんと広がっていく。

人は自分の居場所が変化することで世界観や価値観が変わる。そして、そこで出会う人たちとの交流がさらに幅を広げ、人として成長させてくれるのだ。

そのなかでも、一番成長させてくれるのは、「想像を超える未知との遭遇」だ。

いままでに体験したことがないこと、挑戦したことがないことに挑むその過程で出会う人や物事に触れることで、人は成長する。

「格上の世界」というとハードルが高いように思えてしまうかもしれないが、要するに、あなたが憧れている人や一流と呼ばれる人、また、そのジャンルにおける「プロ」と呼ばれる人と交流をすればいいのだ。

たとえば、その人の本を読んでみたり、ネットを検索し、そういう人たちが集まる場所に足を運んでみるのもいいだろう。

そういう世界に触れるだけでも、自分が格上になったような気がしてくる。

まずはそれでいいのだ。

それこそが良い意味での「素敵な勘違い」なのだ。

その勘違いこそが、あなたを格上の世界へと運ぶ翼となってくれる。

その場での新しい気づきが、いままでとは違う自分、見たことのない世界へと導いてくれる。

もしそういう人が集まる場に足を運ぶのがむずかしいなら、たまには一流のホテルに泊まってみるのも良い手だ。

一流ホテルのラウンジでゆっくりとコーヒーを飲む。それだけでも格上な気分が味わえるし、その場にふさわしいたしなみやマナーも自然に学ぶことができる。

最初は緊張したり、場違い感を覚えてしまうこともあるだろう。

しかし、そういう場所に足を運ぶことをいつまでも躊躇《ちゅうちょ》したり、遠慮したりするのはやめよう。仕事で成功したい、一流になりたいと思うなら、格上の世界に飛び込む勇気と覚悟が必要なのだ。

■一流と呼ばれる人が周囲からもたれてしまう錯覚を知る

一流の世界に触れる。

このアクションには、もうひとついいことがついてくる。

そういう場所に身を置くと、自分が格上だと思っていた人が意外と気さくで優しいことに気づくはずだ。

よく、「一流は生まれながらにしてオーラをまとっている」と言う人がいるが、私が出会った一流と呼ばれる人のなかで、生まれながらにして一流だったという人など見たことがない。

一流と呼ばれる人こそ、誰よりも早く行動し、誰よりも働いている。そして誰よりも目に見えない努力を積み重ねている。

いまの地位にあぐらをかかず、つねに進化し続け、惜しみない努力をしているからこそ、一流であり続けられるのだ。

そんな人たちも、いまの地位を確立するまでは苦労の連続だったはず。

情けない思いや痛い目にたくさん遭いながら、登ったはずだ。

しかし、そんな逆境のなか、自分もいつか一流になると強く信じ、格上の世界に飛び込み続けてきたからこそ、いまの自分を手にすることができたのだ。

一流と呼ばれる人も、いまのあなたと同じスタートラインだったという事実。

あなたはそれを知ることになるだろう。

20代に比べ、30代は格上の人と接するチャンスが必ず増える。

あなたが選り好みや躊躇さえしなければ、尊敬する上司や憧れの先輩だけでなく、クライアントの社長さん、第一線で活躍しているプロたちと話をする機会がぐっと増える。

そういうときこそ、「自分もいつかこの人たちの仲間入りをするぞ」という気持ちを持ち、相手から学びを得るという姿勢で接しよう。


もう一度言う。

あなたの30代は「想像を超える未知との遭遇」で大きく変わる。

30代のうちに、良いメンターを持て

■どんな人をメンターにするかで30代は決まる

30代は選択の連続だ。だからこそ迷い、立ち止まってしまうこともあるだろう。

そんなとき助けてくれるのが、メンターという存在だ。

メンターとは先生、上司や先輩、講師などのなかで、あなたが尊敬し、こんなふうになりたいと思う人のこと。人生における師であり、あなたの人生のナビゲーターの役割をしてくれる人のことである。

私の父の「登った人に道を聞け」という言葉でいうと、「登った人」に当たる人、それがメンターだ。

登り方を熟知しているメンターは、頂上にたどり着くまでの道筋を教えてくれるだけではなく、見晴らしの良い休憩場所や危険がともなう行ってはいけない道など、人生に起こり得るさまざまなことを教えてくれる。

より素晴らしい人生を歩むためには、自ら学び努力することも大切だが、迷ったり悩んだりしたとき、より良い方向へ導いてくれる人の存在も不可欠だ。

私は幸運にも、30歳のとき、人生のメンターに出会うことができた。

そのきっかけをくれたのは、いまは亡き地元の大恩人である社長だった。

その方が連れて行ってくれた講演会で、初めてメンターに出会うことができた。

幸運にも翌日、講演会場から私の経営する店が近かったこともあり、足を運んでくれた。

このときメンターが言ってくれた、「何か困ったことがあったら、いつでも遊びにおいで」というひと言から、直接パーソナルコーチングを受けることができるようになり、私の人生は一気に広がっていった。


何よりも幸運だったのが、メンターと出会えたのが、人生の9割を決める30代の始まり

の時期だったことだ。


コーチングのスタート当初は、私が「こっちに行きたい」と思ったことでも、「そっちはやめておいたほうがいいぞ」と、反対されることも何度もあった。

「なぜ、行ってはいけないのですか？」と聞くと、「そっちに行けば崖があるよ」とか、「行ってもいいけど、落とし穴があるよ」と、丁寧にひとつずつ理由を話してくれた。

その言葉は経験から得た根拠と、有無をいわせない説得力があった。

メンターが導いてくれる方向へ進んでいくと、「自分が行きたいと思う方向へ行かなくて助かった」ということが続き、一層メンターへの忠誠心を深めていったのだ。

それ以降も分野分野で数多くの素晴らしいメンターたちに出会い、いまの自分をつくる糧となった。そして、いまもなお私を導き続けてくれている人がたくさんいる。

■メンターを選ぶ際に知っておくべき大切なこと

「メンターは一人に絞ったほうがいいのか、それともいろんなメンターがいたほうがいいのか」

この質問をよく受けるが、私は同じ時期に2人のメンターを持つことはおすすめしないことにしている。

一人に絞り込んだほうが、結果的に飛躍している人の確率が圧倒的に高いからだ。

ただ、ここで間違えないでほしいことがある。

それは「一分野につき一人」のメンターだということだ。

誰にでも得意分野があるように、メンターにも得意分野がある。

ビジネスに関してはこの人、生き方ならばこの人、人前で話すならこの人、本を書くならこの人、釣りを学ぶならこの人、英語を学ぶならこの人、料理を学ぶならこの人、といったように、分野ごとに専門のメンターがいるというスタンスがベストなのだ。

同じ分野でいろんな人のところに行きすぎると、情報ばかりが増え、結局何を選べばいいのかわからなくなってしまう。

いろんなメンターのところにふらふら行くというのは、ボクシングでたとえると、「ジャブはこのジムのこのコーチに、フックは別のジムで、そしてストレートは県外の有名ジムに習いに行く」と言っているようなものだ。

これでは当然まわりも「あなたは何がやりたいの?」となってしまうし、教えるほうもやりにくくなる。だからこそ、一分野につき一人のメンターがいい。

■メンターに教わったことを、まずは素直に受け入れてやってみる

そのメンターに教えを乞いに行くのはほかでもない、あなただ。

自分が困ったとき、たまたまその分野で秀でた人が「君のメンターになろうか?」なんて声をかけてくれる確率などは皆無に等しい。

もし、あなたがすでにメンターという存在を持っているなら、あなたは非常にラッキーであり将来有望な人だ。なぜなら、成功者といわれる人たちは、必ずと言っていいほど30代でメンターを見つけているからだ。

そして、いまのメンターのもとで徹底的に学ぶことをおすすめする。

逆にもし、あなたがまだメンターを持っていないなら、

「この人はどうしてこんなにも成功しているのだろうか」

「なぜこの人のまわりにはたくさんの人が集まっているのだろうか」

「どうしてこの人の話は魅力的なのだろうか」

そんなアンテナをつねに持ち、人生の師をみずからの目で選択するといいだろう。

そして、「この人だ！」というメンターを見つけたら、その人のアドバイスを素直に受け入れる純粋な心を持とう。

メンターにはメンターとしての、弟子には弟子としての美しいあり方がある。

そういう気持ちがあってこそ、良い縁を結ぶことができるのだ。

30代は人の意見を素直に受け入れることができる、もっとも適した年代だ。

柔軟な心を持っているからこそ、メンターという存在を持ち、その人から徹底的に学ぼう。そのためにはあなた自身が良いメンターを見極め、選択する力を持つことが重要なのである。

もしあなたが、良いメンターの条件についてもっと具体的に知りたいのであれば、拙著『影響力』（きずな出版）に書いているので、そちらを読んでいただければ嬉しい。

第3章

30代で身につけておくべき仕事力

30代のうちに、起業・副業を始めよう

■起業・副業時代の波に乗れ

最近のデータでは、新入社員の3割は3年以内に離職しているという。厳しい就職活動のすえ勝ち取った内定にもかかわらず、3人に1人は転職するという現状ではあるが、「自分のやりたいことを始めやすい世の中になってきた」ということを証明しているともとれる。

実際、私のまわりのビジネスマンを見渡してみても、30代で転職したことがないという人はほとんどおらず、いたとしても、「いつまでいまの会社にいるか」という問題をつね

に抱えている人が多い。情報社会のなかで、まわりの人の動きを知る機会や選択肢が増えたぶん、それに比例して迷ってしまうのだ。

言うまでもないことだが、転職にはリスクが伴う。

「キャリアアップ転職」と「キャリアダウン転職」という2つのパターンがあるが、いまは圧倒的にキャリアダウンする人のほうが多い。

転職の回数が増えるほど、年齢は上がるが社会的信用は下がる。

だからこそ、ビジネスマンにとって転職とは人生を変える岐路となる。そして、その岐路に立つには勇気と覚悟が必要だ。

しかし、そんな彼らに救いの手が差し伸べられた。

それが「副業」である。

最近は、副業を推進している企業もあり、今後もさらに増えるといわれている。

そもそも、転職したい理由の一番は「労働に対して報酬がともなわない」こと、つまり自分の評価に対する不満ではないだろうか。であればなおさら、「いまの仕事以外で稼げることはないか？」と考えたほうがいいし、会社としても昇給に伴う固定費の増大が防げることになる。

私も現役の経営者だが、副業は１００パーセント賛成派だ。

経営する３つの会社の社員たちには、どんどん副業をすすめている。自分が稼げるツールは何個でも持つべきだと思うし、職業をひとつに絞るメリットは何もない。いまはパソコンや携帯ひとつでできる仕事もたくさんあり、週末だけ副業をしているというビジネスマンもたくさんいる。

それに、もしあなたがいまの職業とはまったく違う職種に転職したいと思っても、それが自分に向いているかどうかはやってみないとわからない。

いくら好きなことでも、お金を稼げなければ意味がないし、趣味程度にとどめておくほうがいい場合もある。

だったら、まずは副業としてスタートすればいい。そして、それが軌道に乗ったらいまの仕事を辞めて起業すればいいと考えるべきだ。

■まずは本業と副業のダブルワークから始めよう

世の社長たちも、社員の副業を解禁するべきだと、私は声を大にして言いたい。

「社員が辞めちゃったらどうしよう」と不安に思うくらいなら、いっそのこと、社長自身が先頭を切って副業をすればいいのだ。

私は25歳のときに事業を始めた。

つまり、20代のときに駆け出しの経営者になった。

まず手をつけたのが、たこ焼きの行商、そして居酒屋、ダイニング経営、そしてウェディングという事業だった。

しかし、30代になり、一抹の不安が頭をよぎるようになった。

「俺は死ぬまでこの仕事で生きていけるほど、いまの仕事が好きなんだろうか？」

出た答えは「ノー」だった。

だからといってその時点では、スタッフはたくさんいるし、事業自体はおかげさまでかなり順調に行っていたので、すぐに手放すことはしなかった。

そのかたわらで始めたのが、本を書いたり、講演、セミナーという、いま私の本業になっている人材育成事業だった。

もちろん最初は手探りだったし、いきなりすべてがうまくいったというわけではなかった。まわりのスタッフからしても「社長の道楽」くらいの感覚だったと思う。

しかし、やがて本の部数が増え、講演が増えていくにつれ、「これならいける」という事業の可能性と、「この世界で生きていきたい。自分が一生をかける仕事はこれだ」という自分のなかの「好き」を発見することができた。


あれから15年。スタッフたちは私がいなくても、立派に店を回してくれるようになった。

独立して自分の店を持ち、たくましく生きていくスタッフたちも増えた。

だからこそ3年前に、九州から東京に本拠地を移し、新会社を立ち上げることができたのだ。そして、いま私は自分の経験を原資にして、いろいろな社長の出版支援や講演、セミナーの台本指導、コーチングやコンサルティングなど、多岐にわたる事業をできるようになった。

そう考えると、ひとつの事業を軸として次の事業を立ち上げ、スライドして新事業を本業にしていく、という副業からの本業シフトをやったことになる。

その経験からいっても、まず副業を持つべきなのは社長からだと思っている。

■起業・副業に一番適した時期は30代をおいてほかにない

これからの時代は、一人がひとつのアイデンティティを持つのではなく、一人がより多くのアイデンティティを当たり前のように持つという時代に変化する。そして、それが日本の経済発展にもつながる。

いま40代半ばになって思うことがある。

それは、副業を30代前半にスタートして本当に良かった、ということだ。

私は、ビジネスマンが起業・副業を始めるのにもっとも適した年代が、30代だと思っている。

もちろん事業の内容にもよるが、2つの仕事を持つことは決して楽しいことばかりではないだろう。

フットワークも軽くなければならないし、時間的、経済的に多少の余裕、そしてある程度の社会経験と信頼がなければいけない。となると、やはり起業・副業を始めるには30代がベストだ。

40代以降になると、あきらかに縛られることが増える。柔軟に物事を引き受けられなくなるし、本業での責任も増えてくる。

それに加え、40代からは本格的に教育資金や老後の資金などを貯め始める時期に突入する。だからこそ、少々無理をしてでも、30代で稼ぐための土台をつくっておくことが大切なのだ。

30代こそ、いろんなビジネスシーンにチャレンジしよう

■頼まれごとは試されごと

ビジネスは頼まれごとの連続だ。

逆をいえば、頼まれごとがあるからビジネスが発生する。

とくに30代になると、仕事に慣れてきたぶん頼まれごとも増えるだろう。しかし、あまりにも頼まれごとばかり続くと、嫌な気持ちになるときもあるはずだ。

「なんでこんなこと俺がやらなきゃいけないの？」

「忙しいんだからほかの人に振ってよ」

思わず、そんなふうに考えてしまうこともあるかもしれない。

しかしそれは、あなたがただ面倒なことを押しつけられているのではなく、あなたに対する信頼が大きくなった証拠だ。

だからこそ、何か頼まれたら選り好みせずやってみることをおすすめする。

「頼まれごとは試されごと」とはよくいったもので、ビジネスで頼まれごとが増えていくということは、それだけあなたが将来有望な証拠だと捉えてほしい。

そもそも、30代で頼まれごとを選り好みするのはもったいない。あまり型にはまりすぎると、あなた自身の幅が狭まってしまう可能性がある。

30代はまだまだ吸収するべきことが山ほどあり、どんな小さな仕事であれ、必ず自分が成長するための材料になる。

■つねに期待以上を目指す

頼まれごとをされたとき、2つのことを同時に試されていると認識すべきだ。

1つめは、「どんな結果を出せたか」ということ。

頼まれごとは、期待以下・期待通り・期待以上という3つの評価に分類される。

期待以上の結果なら、あなたの評価は上がり、期待通りなら現状維持、期待以下なら評価が下がる。

先に書いた「頼まれごとは試されごと」という言葉のように、頼んだ側は無意識のなかでいずれかの評価をあなたに下しているのだ。

2つめは、頼まれごとをされたときの「リアクション」だ。

考えてみてほしい。

あなたが誰かに何かを頼むとき、ふてぶてしく返事をする人と「喜んで！」と返事をしてくれる人、どちらにお願いしたいだろうか？

誰もが迷わず、後者と答えるだろう。

つまり、気持ちよく「やります！」と答えてくれた人にだけ、人はまた頼みごとをしたくなる。そして、そういう人こそ、まわりの人に信頼され可愛がられる人材なのだ。

頼まれた以上、つねに期待以上の成果を出せるように尽力しよう。

どんな小さな頼まれごとであろうと、「期待以上のことをやってくれる」と思われる努力をしよう。

どうせやるなら、嫌な顔をして引き受けたり、ふてくされたりするような態度をとってはいけない。

30代はまだ自分が「試される立場」にいることを忘れず、謙虚でいることを忘れないようにしよう。

頼まれごとは、すべてチャンスなのだ。

30代のうちに「プレゼン力」を磨いておく

■インプットばかりではなく、そろそろアウトプットに力を注ごう

30代になると、あらゆるシーンにおいて人前で話す場が増えてくる。

つまり、プレゼン力を試され始める時期だ。

何かの集まりでの自己紹介や、職場でのプレゼンテーション、朝礼でのスピーチ、結婚式での友人代表の挨拶などもそれに含まれるだろう。

リーダーとしてスピーチを求められたり、チームの代表として企画や提案を通したいときなど、あなた自身が人前で発言する機会がぐっと増えるはずだ。

営業職や販売業なども、自社の商品やサービスをお客様に売り込むとき、プレゼン力があるか否かで売り上げは大きく左右される。

ここで尻込みをしたり、悩んだりしてしまう人は山ほどいる。

にもかかわらず、プレゼン力を上げる方法を教えてくれる場は意外と少ない。

学校で習うわけでもなく、親が教えてくれることでもない。ましてや新人研修・社員研修などでもことこまかに教えてくれることはほとんどない。

だからこそ、話し方講座や自己啓発セミナーなどに行くことでその答えを見出そうとする人も多いが、インプットするだけで満足し、アウトプットしないまま終わっている人を多く見かけるのも、もったいないと感じてしまう。

アウトプット力を磨くためには、行動と実践。つまり場数と経験を積むしかない。

人は自分の足で行動し、実践したことしか自分の身にはならない。いくら高いお金を払ってインプットしたとしても、あなたが行動し実践しなければ何の得にもならない。

20代はインプットすることがメインとなるだろう。

とくに社会に出たばかりの20代は、仕事に対する知識をインプットすることで精一杯だという人も少なくない。

しかし30代になったら、いままで得たものをアウトプットする方向へ移行することを求められるようになる。その際にプレゼン力がもっとも必要となるのだ。

たとえば同じ商品を紹介するとき、プレゼン力があるか否かで相手の反応はまったく異なる。いくらその商品の特長を知ってもらっても、相手の心を動かすことができなければ購買には繋がらない。

つまり、一方的に情報を押しつけるだけではなく、理論的かつ感情的に相手の心を動かす技術がプレゼン力なのである。

■プレゼン力はこう磨く

講師の育成指導を仕事のひとつとしている立場上、「プレゼン力をつけるにはどうしたらいいですか？」という質問を受けることが多々あるが、そこで私は決まってこう答えることにしている。

「まずは自分が登壇者になる機会を積極的に持てばいいんだよ。場数こそが練習だ」

すると多くの人は、「え、僕には無理です」とか「人前で話すのが苦手です」と答える。

しかし、何も大きな講演会やイベントの舞台に立てと言っているわけではない。

気心の知れた友だちの前で、自分が好きな物について説明する。

それもある意味プレゼンであり、その人数によっては登壇という意味合いにもなる。

となると、誰もが日常生活のなかで自然とプレゼン力を使っていることに気づくだろう。

旦那さんが奥さんにお小遣いの金額を上げてほしいと思うとき、子どもが親に欲しいものをねだるときなど、どう伝えたら思いが通じるかと思考をめぐらせることも、プレゼン力を向上させるための自主トレをしていることになる。

つまり、プレゼン力を上げるには、自分の思いを伝える場をひとつでも多くつくること。

そして日常から、人にものを伝える機会をすべてプレゼンの場だと意識しておくこと、それこそが、プレゼン力を上げる近道なのだ。

20代までは話を聞く側にいたという人のほうが多いだろう。しかし30代になり、自分がいざ話す側に立つと、登壇者こそ誰よりも学び、準備をしていることに気づかされるはずだ。

内容はもちろん、声のトーンや姿勢、聴衆のモチベーションを上げるよう全身を使って話をすることは、簡単にできることではない。

人前で話している人を見るとき、そんな登壇者ならではの努力や苦労を意識しておくことも、あなたのプレゼン力を上げる手助けをしてくれることになる。

いますぐ人前で話せと言っているわけではない。

まずは身近なコミュニティのなかで、もしくはあなたが話しやすい友人や家族の前で、自分の思いを伝える練習をしてみてほしい。

あなたがいま好きなもの、ハマっていること、感動した物事などを誰かに伝えることを意識して能動的におこなうのだ。

もし、あなたがコミュニティやサークルに所属しているなら、みずからイベントやセミナーを企画・提案し、その司会に立候補する、なんていうのもいいだろう。

30代になったら、自分が伝える立場に立つ機会をみずから買って出よう。自分の思いを伝えるという経験は、間違いなくあなたのプレゼン力を磨いてくれるはずだ。

30代こそ足で稼げ

■うまくいく人は、口より先に動き始めている

とある経営者がテレビで「社会に出て大成する人の条件」を聞かれ、こう答えていたのを目にしたことがある。

「伸びる人というのは、美味しそうな柿を見つけたら、その時点でもう木に登り始めている。普通の人は、〝取っていいのかな〟とか〝どうやって木に登ろうかな〟と考えそうなものだが、伸びるタイプの人間はとりあえず登り始めているのだ。失敗とか、まわりの目

を考えるという余計な思考を持っていない人のほうが将来有望だ」

この言葉を聞いたとき、成功する人の行動のすべてを表している譬《たと》え話だと、納得してしまった。

うまくいく人は、悩む前にまず行動する。

こういうタイプの人の思考が「まずは挑戦してみて、そこで何が足りないかを知ればいい」というスタンスであることは、これから先も変わらないだろう。

そして、この「まずはやってみよう」という思考こそが「行動力の源泉」であり、いまの日本人に必要な能力だと思う。

■「足で稼ぐ」は本当に時代遅れなのか?

ひと昔前まで「営業マンは足で稼げ」とよく言われたものだ。

営業マンが汗水を垂らしながらクライアント先に足繁く通い、注文を取りにいく。売り上げが足りなければ、「足で稼いでこい」と言われ、ネクタイを締め直して外回りをする。

このスタイルがバカにされる世の中になった。

ネット上でのやり取りが、営業の当たり前。

日傘を差したサラリーマンを見かけても、そこに異議を唱えるものはいない。


最近、タクシーに乗ると、よく目にする動画広告がある。

とある俳優さんが演じる上司が、若手の部下に「いいか？　営業っていうのはな、とにかく足で稼ぐんだよ。このヒラメ筋を見ろ！」と、自分のふくらはぎを見せるというコメディータッチのものだ。

この俳優さん演じる上司のあり方を「イッツオールド営業」と揶揄《やゆ》しているCMを目にするたびに、違和感を覚える。

たしかに、熱血はいまの時代あまり受け入れられないことはよくわかる。

しかし、本当に古いのだろうか？

足を運ばずに、すべてをネットだけで済ませていいのか？

私は決してそうは思わない。

逆にいえば、足を運ぶことこそがこれからの「イッツニュー営業」だ。

いまの時代にこれをやれば、貴重な人種としてその人の価値は高まる。

残念ながらこれを見て「そうだ、もう古いんだよ」と影響される大多数の人は、結局時代の波に流されて「みんながそう言っていたから」と損をして途方にくれる子羊のような人生を送る可能性が否めない。

大多数がやっているからといって、それに扇動される人が大きな宝を拾うことなど、歴史を振り返って見てもほぼ存在しない。

そのことに早く気がついたほうがいい。

多くの人が「これからはこの時代だ」と言い始めたときには、その逆に宝が隠されている可能性が高いことを知るべきだ。

望めば何でもネットのワンクリックで買える世の中になった。

オフィス用品や生活用品のすべてがクリックひとつで注文でき、その日のうちに会社や自宅まで届けてくれる。もはや、近所のスーパーに行く必要もなくなってしまったほどネットが生活の主流となっている。

たしかに、すべてを「足で稼ぐ」という時代は終わったのかもしれない。効率的にできる部分は大いに利用すればいい。

しかし、そんな時代だからこそ、みんながやらないことをあえてやれば、他人との差別化ができると思うのだが、いかがだろうか。

たとえば、いまはクライアント先にメールで新年の挨拶をしても問題はない世の中だ。

だが、そこをあえて自分の足を使って挨拶に行く。

すると、相手はわざわざ出向いて挨拶をしに来てくれたあなたに特別な思いを抱く。これは誰にでもわかる簡単な人の心理だ。

効率化を図ることも大事だが、時間と手間をかけてこそ深い信頼関係へ発展する。

■恋愛でもビジネスでも「リアルコミュニケーション」に勝るものはない

手間暇をかける。

これは男女間の関係でも同じことが言える。

あなたが女性だとして「頻繁に連絡を取ってくれるけど会いに来ない男性」と、「連絡は人並みだけど、頻繁に会いに来てくれる男性」のどちらを選ぶだろうか。

圧倒的に、後者を選ぶ女性が多いと私は思う。

まあこれはその人の価値観によるものだから一概には言えないが、時間と労力がかけられてこそ、相手の強い思いを知るのではないだろうか。

いまの若い子たちは告白をするのもSNSを使う人が増えているという。ひと昔前のラブレターがそれに相当すると言われればそれまでだが、指先をタカタカ動かすだけの簡単な行為で、本当に思いは伝わるのだろうか？

相手の心を動かしたいなら、会って目を見て話すことが、間違いなくいまも昔も変わらぬ最強の伝達方法だ。

恋愛だけではない。

新しいビジネスをやりたいと意気込む駆け出しの起業家やその卵たちも、「いつかセミナーや講座を開催したい」と言いつつ、SNSだけで集客することを考えており、自分の足で人を集めるなどということは一切考えていない人が多い。

起業支援コンサルティングなどの際、「まずはプレゼンの意味も含めた親睦会などを企画してみては？」とアドバイスすると、途端に顔色が変わってしまう。

もちろん、いまの集客の主流がネット中心なのは理解できる。

しかし、実際のところSNSやネットだけではあなたの熱意は伝わりづらい。であれば、まずは相手と直接会って思いを伝える。そっちのほうがよっぽど効率的ではないだろうか。

人に思いを伝えたいと思ったら、まずは自分の足で動くこと。そしてリアルの場で伝えること。これを大切にしよう。

人の心を動かすことは一見むずかしいと思いがちだが、じつはそんなことはない。自ら率先して動けば、意外と簡単にまわりの人も動いてくれることを知るだろう。

行動する人しか、人の心を動かすことはできない。

人を動かしたいなら、自分が動くこと以外の策はないのだ。

もちろんどんなに美味しそうに見える柿でも、本当に美味しいかは実際に食べてみなければわからない。苦労して木を登り、ようやく手に入れたものだとしても、それが渋柿だったなんてこともあるだろう。しかし、そうやってチャレンジしたことで、人はいろんな方法を知るし、眼力も養われる。

真実を知るためには、自らが行動すること以外に方法はない。

たとえ、それが想像したものと違っても、行動したことに無駄はない。

失敗だったと思うことですら、いつか必ずあなたの財産となるのだ。

30代はとにかく「質」より「量」を追え

■本当の訓練とは「場数」である

初めてのことに挑戦するとき、人は誰も少なからず緊張するだろう。

多いときは数百人、数千人の前で講演をする仕事柄、私は人からよく「壇上に上がるとき、緊張しませんか？」と聞かれることがある。

先日も塾生から同じ質問を受けた。

その塾生は、人前に立つと極度の緊張でうまく話すことができないという。いくら前準備をしても、緊張という呪縛から解き放たれることはないと。

そんな彼から見たら、大勢の人の前で堂々とスピーチをする私が不思議でたまらないというのだ。

私は28歳のとき、人のご縁で初めて講演に登壇して以来、大きいものから小さいものまで含めて、この17年間で3000回近くステージに上がる機会をいただいた。

会場がウェルカムの雰囲気ではないときは少々緊張することもあった。私のことを知らない聴衆の場合、リアクションは薄く、心が折れそうになったこともあった。

しかし、そんな状況を乗り越え、いまも人前で話をすることができているのは、とにかく場数のおかげだった。

自分を奮い立たせ、登壇し続けた結果が、この数字に結びついたのだ。

■圧倒的な量が圧倒的な質を生み出す

「量より質」という言葉があるが、人前で話すスキルを上げるということに関しては、「質よりも量」であると私は思う。

一見、量より質にこだわるほうがいいと思いがちだが、まずは「挑戦し、場数を踏む」ことが、うまく話そうとすることよりずっと重要だ。

30代は20代に比べて時間の使い方も上手になり、ゆとりが生まれる。

そんな年代だからこそ、まずはやりたいことに時間をかけ、量をこなすことに挑戦してほしい。


30代は、とかく自分の可能性を知る時期だ。

どんなに苦手なことでも、本当にやりたいことならば、継続することをやめず数をこなそう。すると自然と肩の力が抜け、上手に「質」にたどりつく手腕が身につく。

加えて、あなたがそうして繰り返し努力をしていることは、必ず誰かが見ていて応援してくれるようになる。

応援されていると思うと、さらにやる気が湧いてくる。

そして、そのやる気がさらに輪をかけて、あなたの質を上げることに繋がっていくのだ。

30代のうちに「自分の法則」を知れ

■前準備に手間と時間をかけるほど、成功率が上がる

ビジネスシーンにおいては、プレゼンやイベントなど会社を背負うような大きな仕事こそ、「前準備ですべてが決まる」と言い切っても過言ではない。

大きな仕事を成功させ、次のステージに上がるためにも、前準備の大切さについて話をしよう。

前準備とは、誰もが学生時代から培われているスキルである。

学校のテストや授業の予習、受験など、前もって計画を立て傾向をつかみ対策を練れば、

やったぶんだけ良い結果を得ることができたはずだ。

また、スピーチなどをする場合も、本番で緊張して頭が真っ白にならないよう、本番さながらの練習をすることも前準備になる。

しかし、いくら前準備を完璧にしたと思っても、本番でうまくいかない場合もある。突発的なトラブルや想定外の出来事が起きたとき、誰でもパニックになってしまいそうになるが、そこで冷静に対処することができるようになるためには、メンタル面での前準備も必要なのだ。

■自分の法則をつくろう

メンタル面での前準備とはつまり、自分の法則づくりだ。

自分の法則、つまり自分の行動パターンが明瞭であれば、何があっても冷静沈着に対処できる強いメンタルを手に入れることができる。

そして、自分の法則をつくるこの作業のことを「過去ログ」という。

方法は簡単。あなたの過去にさかのぼり、あなたの人生に起きたことと、そのときの思考や感情の傾向を知る。

すると、「あのとき、本番であんな失敗をしたけど、結局良い結果が残せたなあ」とか、「あのとき、あんなことを言われたけど、結局乗り越えることができたなあ」など、自分では失敗だと思ったことを、長いスパンで見直すことができる。

そうやって、過去ログをさかのぼっていくことで、自分の行動や思考の癖や特徴が客観的に見えてくる。そこを再確認することで、自分の思考の傾向を知る。その結果、自分の得意を知ることができる。

それこそが自分の法則だ。

このとき初めて、失敗と思っていたことが、じつは失敗ではなく学びだったと気づく。これを知ることで、何か予想外のことが起きたとしても、「あのときも乗り越えられたのだから、何があっても大丈夫」と、冷静で強いメンタルを手に入れることができるのだ。

30代のうちに「自分の勝ちパターン」を知れ

■求められないものは当然売れない

この「自分の法則」についてもう少し深めていこう。

私は以前、とあるイベントで大失敗をしてしまった経験がある。

私の会社に、あるイベント会社からイベントブースの出展の依頼が入り、私は二つ返事で承諾した。

しかし本番当日の朝、会場入りをし、まわりに並ぶ数々のブースを見たとき、「しまった。来る場所を間違えた……」と思った。

なぜなら、「このブースを求めてくる客層には、私たちが提案するものは響かない」ということを、そのとき瞬時に気づいてしまったからである。

案の定、私のブースは閑古鳥が鳴いていたが、一度引き受けた仕事を途中で投げ出すわけにはいかない。場違いと知りながらも、最後まで自分たちなりに提案できることは全部やり、会場をあとにした。

この失敗から、自分たちの強みやキャラが活かせる場と、そうでない場があることを学んだ。

先にも述べた通り、30代は何事においても経験がすべてに勝る。さまざまな経験を積むことで、そこから自分が活かせる場と活かせない場を知ることができる。

それこそが、自分の「勝ちパターン」と「負けパターン」を知るということだ。

■大きなビジネスシーンでは、しっかりとした分析の下に行動せよ

先ほど、「頼まれごとは試されごと」ということをお伝えした。

ここで付け加えておくが、いくら選り好みしないとはいっても、仕事で大損害を出すとわかっていることも引き受けようという話ではない。

前提はあくまで「ビジネス上、可能ならば」の範囲内での話だ。

先ほどその話をしたのは、会社内での率先行動や、お金のかからない手間ごとについてだ。

当然だが、ビジネスはお金が動く。

あくまで大きなお金が動く分野に関しては、事前からしっかりとリサーチして臨むことが常道になる。もしあなたが何か大きな仕事を依頼されたとき、まずは一度、その内容をあらゆる角度から分析してみよう。

内容はもちろん、ターゲット、企画の着地点などをきちんと把握し、それにまつわるすべての情報を得る。そして、自分の勝ちパターンに落とし込めるかを考えるのだ。

その結果、「これは違う」と思ったら、思い切って辞退するのもいい。

のちに、その決断がかえって良策だったというケースもある。

つまり「市場をしっかりと分析する」という視点で物事を見ることが大事なのだ。

■つねに先回りして自分の勝てる場所をリサーチする癖を身につける

しかしビジネスにはスピードも大切な場面もある。そんなときはどうすればいいのか？

答えは簡単。つねにいろんな角度でのリサーチを事前に進めておけばいい。

「この市場はどんなことを求めているのか？」

「自分の勝てる土壌はどこなのか？」

「自分の勝ちパターンはどんな場面なのか？」

そのなかで「自分たちが勝てる分野の話が来た」と感じたら、すぐ返答すればいいのだ。

私がこのイベントで負けたのは、この事前リサーチの足りなさが要因だった。

分析力が高ければ、ここをしっかりと予測することができる。さらに経験値をプラスすれば、より多くの勝ちパターンを構築することができるようになる。

勝ちパターンの数が増えていけばいくほど、あなたの強みも増える。そして、失敗を恐れず何があっても強い自分を手に入れることができるのだ。

30代のうちに「想定力」を身につけよ

■つねに一歩先、二歩先を読む習慣を身につける

未来の自分をハッピーにイメージする「素敵な勘違い」について先ほど話をしたが、これは「想定力」を必要とする思考である。

想定力とは、いろんなケースを想像したうえで先を見据え、それに対する備えをするという意味を持つ。

簡単に言えば、この先に何が起こるかをあらかじめ想像し、準備するということだ。言葉にするとむずかしそうに感じるかもしれないが、そんなことはない。**普段生活をす**

るうえでも、誰もがこの想定力を無意識に使っている。

外出する際「雨が降るかもしれないから、折り畳み傘を持っていこう」と考えるのも、想定力があってこそ生まれる思考であり、車の運転をしているとき「子どもが飛び出してくるかもしれないから、スピードを落とそう」と考えるのも、危険予測という想定力を使っている。

つまり、想定力は誰もが日常生活をするうえで無意識に使っており、想定力がある人ほど先を見据え、そこに合わせて行動する力を持っていると言える。

■想定力はビジネス飛躍の鍵になる

ビジネスシーンにおいても、同じことが言える。

たとえば社長が話をしているとき、「質問があるか？」と聞かれても、想定力がない人は答えることができない。なぜなら聞くことに集中しており、その先の質問など考えていないからだ。

一方、想定力がある人は、投げかけられた問いにすぐに答えることができる。社長の話を聞きながらも「このあと質問をされたら……」という想定力を無意識に作動させており、あらかじめ質問を準備している。準備が整っていれば何をするにもアクションが早く、土壇場でも力を発揮することができる。

30代になると、想定外の出来事に対応する力を試されることも多い。プレゼンや打ち合わせの際、不意な質問を受けたり、またイレギュラーな出来事があったときにどう対応できるかで、あなたの真価が問われる。

そういうとき、力を発揮できるかどうかはこの想定力にかかっているのだ。想定力を磨くためには、普段からあらゆる出来事に対して「つねに未来を予測して行動する」という思考を持つことが重要となる。

あらゆるシチュエーションにおいて一歩先を見て準備をすることができている人は、必ずまわりの人から重宝され、一目置かれる存在になるはずだ。

30代をひとつの定年として捉えよ

■人生の9割が30代で決まる理由

社会に出る年齢は、一般的に大卒だと22歳、高卒で18歳とすると、平均して20歳前後ということになる。そのころはまだ右も左もわからず、まるで社会に放牧されたような気持ちになるだろう。

そして、先輩や上司にひたすら指導される時期が4～5年続いた20代半ばごろ、いよいよ本当の戦いが幕を開ける。

つまり、25歳前後から社会人としての実力が試され、まわりから評価され始めるのだ。

20代後半になると、ビジネスマンとして同期や仲間とゆっくりと差が出始め、30代になると、結果を出せる人とそうでない人の差がはっきりと表れ出す。

そして、その実績をもとに30代で築き上げたビジネスのポジションが、40代以降のビジネス人生におけるあなたの評価を決めることになるだろう。

そのポジションを40代以降になってから逆転するのは、相当の努力がないとむずかしい。意識さえすれば決して無理なことではないが、とてつもないエネルギーがかかる。

そう考えると、ビジネスにおいて、ある程度の勝負は30代を終えるときに9割がた決まると言っても過言ではない。

■伝説の名馬に生き方を学べ

少し話がそれるが、私は競馬が好きだ。一番大好きだった馬、ディープインパクトがこの世を去った2019年の7月は、いっとき憂鬱だった。

私はギャンブルをしないタイプなのだが、競馬に関しては賭けごととしてではなくレースを見る。走っている馬を見ることが好きなのだ。

あの競走馬たちを見ていると、馬にも人と同じように個性があり、生き方があることに気づかされる。競馬はゴールするまでのコースが4コーナーに分かれているが、ビジネスの世界を競馬にたとえると非常にいろんなことが見えてくる。

第1コーナー。

スタートしてすぐトップに出る馬は、たとえるなら20代のうちに起業するタイプ。もしくは20代で有名になるビジネスマン。彼らはこの先行馬タイプと言っていいだろう。

次の第2コーナーが30代だ。

ここで実力を磨くことができるかどうかが、レース後半の勝負を決めることとなる。

そして、人生レースの明暗を分けるのも、この第2コーナーだ。

とくに勝負は、年齢でいうと35歳から40歳の間。

ある程度の頭角を現す人は、平均してこの5年間に、なんらかの社会的結果を出すことが一番多い。

ポジションで見ても、一般的に中間管理職が多かったり、独立でも起業盛りと呼ばれる年齢層であり、次のコーナーで勝負をかけるためには、この第2コーナーでの立ち位置が鍵を握る。

そう考えると、酷かもしれないが40代、50代という後半戦で勝負の挑戦権を取れるのかどうかは、この30代という大切な時期をどう生きるかで決まるといえる。

■40代からの華々しい後半戦を迎えるためにやっておくべきこと

第3コーナーが40代。

競馬でも「あ、この馬が速度を上げてくる」と、一番まわりがワクワクし始めるのが、このコーナーだ。

しかも40代の10年間は、ビジネスだけではなく、一人の人間として真価が問われる大切な時期だ。

残念ながら、30代の時点でしっかりとした脚力と周囲からの期待、信頼を勝ち取っていない人はすでに置いていかれている。その置いていかれた馬のなかから、この第3コーナーで最後の追い込み組に入れる人は、いたとしてもわずかだろう。

そして第4コーナー、最後のストレート。

人生の花道と呼ばれるこの直線で、かつての伝説の名馬、ディープインパクトのように、大外から一気に突っ込んでゴールゲートを切る。そのイメージに30代でワクワクできるなら、あなたは必ず成功できる。

ディープインパクトは、現役を退いた後も、種牡馬（種を残す馬）として世界的に大活躍した。いま世界各国で、ディープインパクト産駒《さんく》がレースを総なめにしている。死んだあとも、その夢は続いている。

だからこそ、ディープインパクトは伝説の名馬なのだ。

もしこれを人間にたとえて、50代後半から60代以降を、後進の育成の時期と考えれば、あなたの夢はさらにふくらんでいくのではないだろうか。

そう考えたとき、30代の終わり、つまり30代の最後の日をビジネス人生の前半のひとつのゴールとして持つことも悪くはない。

ビジネスマンの第一定年を40歳と定義してみること。

これをやっておくと、いまの時点でやるべきこと、役割が明確になっていくはずだ。

いま、30代のあなたは前半戦の第2コーナーを走っている真っ最中だ。

このあとに控える第3、第4コーナーで勝負をかけるために、まずは良い位置を確保することこそが、この第2コーナーでもっとも大事な課題といえる。

毎年ひとつずつ進級するという学生時代とは違い、社会に出ると時間や年齢の区切りがなく、しっかりした人生プランを意識しておかないと、どうしてもダラダラと惰性で時間を過ごしてしまいがちだ。

だからこそ、10年を1タームとして考えることで、より時間を有意義にするための意識を持つことができるのだ。

第4章

30代で身につけておくべき人に好かれる力

30代のうちに「影響力」を身につけよ

■チャンスは人が運んでくる

30代は、良くも悪くも人から影響を受けやすい年代だ。

ビジネスシーンだけでなく、恋愛や人間関係においても大きな変化がともなう30代だからこそ、20代では出会わなかった人たちとの新しい出会いも増える。

そして、その出会いによって新しい思考を知り感銘を受けたなら、それはあなたにとって良い出会いであり、良い影響を受けたことになる。

しかし、出会いがすべて良いものばかりとは限らない。

仕事や人の悪口ばかりを言っている人たちのなかにい続けてしまったら、あなた自身も徐々にその思考に汚染され、次第にあなたも愚痴を言い始めることになるだろう。

要するに、人として未完成な30代だからこそ、まわりの環境が思考に直結しやすいことを表している。

つまりあなたは、無意識にいろんな「影響力」に左右されながら生きているのだ。

■影響力の特性を知る

影響力には3つの法則がある。

1つめ。影響力が強いほうから弱いほうへ流れていくということ。

2つめ。影響力は身につけるというよりも、力を持った人のあと押しによって増大していく確率のほうが大きいということ。

3つめ。影響力は、環境の力こそが一番大きな鍵になるということ。

こう考えると、質の良い環境に身を置くことが大事だと理解できるだろう。

だからといってすぐに転職したり、引っ越したりするのは現実的ではない。

しかし、いまいる場所であきらかに悪い影響力を受けていると自覚するなら、その場所以外のところで良い影響力を持つ人を探すことが重要だ。

それはメンターを持つことにも繋がるが、良い影響を与えるのは人だけではない。

住みたい場所、行きたい場所などに身を置くこともあなたを変えてくれることになる。

良い影響を受けたいと思うなら、あなた自身が良い影響を与えてくれる人や環境との出会いを、つねに意識しておくことだ。

■これからはとくに個人の影響力がものをいう時代になる

とくにビジネスでは人材育成や販売、マーケティングといったシーンにおいて、あなたの影響力がものをいう。

あなたが影響力を持っている人なら「○○さんのためなら協力します」「○○さんが困っているなら何でも言って」と、いつも救いの手を差し伸べてくれる人が必ず出てくるようになる。

ビジネスシーンだけではない。

友だちや恋愛、家族などあらゆる人間関係においても、まわりから揺るぎない信頼と協力を得ることができるはずだ。

まずは、あなたに良い影響を与えてくれる人がまわりにどれだけいるかを考えてみよう。

良い影響を与えてくれる人の数が多ければ多いほど、あなたは必ず良い影響を受け、人間として成長し、進化しているはずである。

そして40代以降は、あなた自身が誰かに影響を与える側にまわろう。

あなたが受け取った影響力を、下の世代に流していくのだ。

そうすることで、結果的にあなたの影響力はさらに大きなものになっていく。そして引き寄せられ、集まってくれる人は必ず、違った角度からあなたにチャンスを与えてくれる。

これからの時代は個人の影響力が、会社の肩書きを凌ぐようになってくるのだ。

30代はとにかく「共感力」を磨くことに集中せよ

■このリアクションだけでコミュニケーションは格段にうまくいく

人はとにかく共感してほしい生き物だ。

SNSで「いいね」を欲しがるのは、人に共感してもらいたいことの表れであり、共感してもらうことで自己肯定感を得ている人が数多くいる。

いま、こうしてSNSが大流行していることも、共感を渇望している人の数の多さの表れだろう。

裏を返せば、それだけ「自己肯定感」という幸せのメモリが足りていない人が多いともいえるだろう。

私は数店舗の飲食店を経営しているが、味はさることながら、もうひとつ、店の売り上げを大きく左右するものがあると認識している。それが、**スタッフたちのお客様に対する共感力だ。**

どんなに美味しい料理を提供しても、店のスタッフが横柄な態度をしていたら、お客様はその店に二度と足を運ぶことはない。

「お客様はどんなことを求めているのか？」

「あのお客様はいつもより元気がないから、いつもより少しだけ多く声をかけてみよう」

つまり、店の売り上げを左右する大きなファクターこそが、共感力なのだ。

私の店では、「何があっても笑顔でうなずくこと」をモットーとしている。どんなお客様であろうと笑顔で接客し、お客様を否定しないことを徹底しているのだ。

なぜなら、人は相手が否定せず笑顔でいてくれる場所に行くと、自己肯定感が上がるからだ。そして、そんな特別な空間であれば必ずまた行きたいと思う。

だからこそ、笑顔でうなずくことが、飲食店というビジネスにおいて必須なことであり、その使命をまっとうするために必要なものが共感力なのだ。

もちろん、共感力を必要とするのは接客業だけではない。

人は誰かと会話をするとき、相手を総合的に判断しながら話を聞いている。話の内容よりも、むしろ相手の表情やリアクションに意識を向けることが多く、その意識が相手の印象を決定する。

つまり、相手に良い印象を与えたいと思うなら、まずは笑顔でうなずくことだ。とてもシンプルなことではあるが、その基本的なアクションの徹底が共感力の礎となる。

■コミュニケーション力は30代のうちに上げておく

そもそも会話が苦手な人、対人関係に慣れていない人にとっては、笑顔でうなずくというアクションすらむずかしいと思えるかもしれない。

これだけネットが主流になっている世の中では、「対面での会話ほど怖いものはない」とか、「自分の悩みはネットの掲示板のほうが話しやすい」なんて人も少なくないだろう。そんな人からしたら、笑顔でうなずくことすらハードルが高いと思ってしまうのも仕方のないことだと思う。

しかし、あなたが良い人生を歩みたいと願うなら、いままで抱いていたその感情は捨てたほうがいい。

共感力は、人がともに生きていくうえで必要不可欠なものであり、あなたの人間関係を決めるベースとなるものだからだ。

誰かと会話をする際、笑顔で相手の目を見ながら話を聞くことに徹すれば、相手を不快にさせることはない。さらに、あいづちを打ちながらリアクションをとれば、相手は必ず気分が良くなるだろうし、当然あなたに良い印象を抱く。

もし、あなたがコミュニケーションに苦手意識があるなら、まずは笑顔をつくる練習をしよう。

鏡の前で口角を上げ、30秒笑顔をつくってみる。すると、普段どれだけ顔の筋肉を使っていないかを実感するだろう。

コミュニケーションは人間関係の橋渡しだ。

会話だけではなく、笑顔だったりうなずきだったりという具体的行動の分野であなたがいままで苦手意識を持っていることがあるなら、30代のうちに克服しておく必要がある。40代以降になると、良い意味でも悪い意味でも、自分という人間を変えることがむずかしくなる。

であれば、頭の柔らかい30代のうちに苦手なものに挑戦し克服すること。それがあなたのコミュニケーション力を上げることに繋がるのだ。

30代で身につけておくべき聞き方、話し方、伝え方

■伝え方はプロのマネキンに学べ

あなたはコミュニケーション能力に自信があるだろうか？

迷わず「はい」と答えられたあなたは、何かしらの分野で自分が納得できる結果を残してきた人といえるだろう。

しかし、「いいえ」と答えた人ほど、この本を読む価値のある人だ。もし後者であったとしたら、いまこうしてあなたと一対一の対話ができていることを非常に喜ばしく思う。

コミュニケーション能力は大きく分けて「伝える力」と「聞く力」の2つから構成され

ている。この2つは、人間関係を良好に築くために不可欠な能力だ。

まずは、「伝える力」について話していこう。

あなたは伝えることのむずかしさを感じたことがあるはず。

人前で何かを発表しなければならないときや、就職活動中の面接など、多くの人が一度は何らかのかたちで壁にぶつかったことがあると思う。

とくに30代になると、上司と部下の狭間に立つことで、コミュニケーションのむずかしさに悩むことも出てくるだろう。

私の塾の塾生のなかでも、人前で立って話をしたり、人間関係のなかで伝えることのむずかしさに悩んでいる人も多い。

そんなタイプの塾生たちには、「スーパーのマネキン」の話を例にしている。

スーパーのマネキンとはいわゆる、デモンストレーターと呼ばれる人たちのこと。

スーパーなどで新商品や期間限定の商品などをお客様に試食させ、購入を促す仕事のことだが、このマネキンこそ伝える力のエキスパートだ。

マネキンは、短時間で商品のメリットを伝え、それをお客様に売らなければならない。彼女らの前を通るほんの数秒のうちにお客様に言葉をかけ、自分のテリトリーに引き込み、商品を購入させなければいけない。

ただ単に、バナナの叩き売りのように大声を出してお客様を呼び込むという力業では、うまくはいかない。

さらには主婦、年配の方、子ども連れ、男性など客層によって伝え方を変えなければいけない。よくよく考えると、これはとんでもないハイレベルなスキルだ。

相手に何かを伝え、買うという行動をさせたい場合、ただ単に商品の説明をするだけでは相手に伝わらない。相手にどう伝えれば心に響くかを意識し、言葉にするという作業をしなければ、相手の心には届かないのだ。

とくに、その商品に興味のない人の心を動かすためには、相当高い人間力と会話の引き出しを持っていないと務まらないだろう。

どう言葉がけをすれば、まずはお客様を立ち止まらせることができるか。さらに、購買までたどりつくにはどんな言葉を追加するか。

人の購買欲求を刺激するための言葉選びやコミュニケーションに精通し、それを仕事にしている彼女たちは、まさに伝え方のプロなのである。

■聞く力がコミュニケーションを制する

次に、「聞く力」について話をしよう。

先ほども話をしたが、コミュニケーション能力を磨くには、聞く力が極めて重要だ。

相手の話を聞かなければ、当然ながら会話はスムーズには進まない。

相手と意思の疎通を図るためには、まずは相手の話を静かに傾聴することがコミュニケーションの基本となる。

そして、相手の話を聞くだけではなく、相手が話したいことを引き出す質問をすることも大切なスキルのひとつである。

会話のなかで相手が「週末は出掛けることが多いんです」と言ったなら、すかさず、「どこにお出掛けされるのですか?」という質問を投げてみる。

相手は「出掛けることが多い」と言った瞬間に、何をするために外出するのかを話したい場合が多く、あなたからの質問を待っている可能性が高い。

また、相手が話下手なタイプであれば、「週末はどこに出掛けることが多いのですか？」というオープンクエスチョンではなく、「出掛けることが多いですか？ それとも、家にいらっしゃることが多いのですか？」というクローズドクエスチョンで質問したほうが相手は答えやすいだろう。

話すことに比べれば、聞く力を身につけるほうがよほど簡単だ。

つまり、相手がどんなタイプかを把握し、そのうえで質問を投げかけ、そこから広がる会話を楽しむことができるというスキル。

これこそが、コミュニケーションという場において、30代のうちに身につけておくべき大切な能力である。

コミュニケーションを制するものは、30代を制する。

これくらい言っても言い過ぎではないだろう。

30代で広げておくべき心の器

■あとから来る人には親切にしよう

誰でも初めて訪問する場所、初めてお会いする人とのシーンは、多少なりとも緊張がともなうものだ。

30代になると、20代にくらべて仕事の幅がぐんと広がる。それにともない、クライアントが増えたり、新規事業などに関わることも多く、初めての場所や人と会う機会も必然的に増える。

ビジネスシーンにおいては社会に馴染み、気持ちにも余裕が出てくるぶん、新しいクライアントの担当者の方とお会いするといった機会があっても、そこまで緊張することはないかもしれない。

しかし、プライベートとなると話は別。

30代は学ぶことが大切だという話を何度も繰り返してきたが、そのための勉強会やセミナー、コミュニティやオンラインサロンなどの初めての場に足を運ぶことも増えるかもしれない。

そんなときこそ、まわりの人の反応や自分の身の置き方に悩むこともあるはずだ。

私が主宰している「永松塾」は、いまや200人という大所帯となった。

ありがたいことに、いまでも毎月入塾者がおり、さらに大きなコミュニティへと成長し続けている。

そのなかで、在籍歴の長い塾生たちに口を酸っぱくして伝えている大切な約束事がある。

それは「あとから入ってくる人には親切にしよう」ということ。

どんな人でも自分の家に友だちを招くように、

「よく来てくれたね。あなたと出会えて嬉しいよ。困ったことやわからないことがあったらなんでも聞いてね」

というスタンスと気持ちで迎え入れる。そんなあり方を持った温かい組織であることを切に願い、ルールにしているのだ。

日本人は集団意識が強いぶん、新しく訪れる人に対して妙な警戒心を持つ傾向がある。集団意識を持つことは大事だが、グループ意識、仲間意識が濃くなればなるほど、そこに入ろうとする人はどうしても「入りづらい」と感じてしまうのだ。

そう思われてしまえば、どんなに素晴らしい理念を持ったコミュニティでも、そのコミュニティの価値は下がってしまう。

コミュニティのリーダーこそ、新しく入ってくる人を大切にする空気と文化を率先して構築するべきなのだ。

■一流の人ほど、これからの人たちを大切にする

三流と呼ばれる人は、いま権力を持っている人を大切にする。

二流と呼ばれる人はトップに近い人に近づき、その勝ち馬に乗ろうとする。

そして、一流と呼ばれる人は、まだ頭角を現していないこれからの人を大切にすることができる。


多くの場合、わかりやすい肩書きを持った人には人が集まるが、立場の弱い人には人が集まることは少ない。

だからこそ、初めてで緊張していたときに親切にしてくれた人のことを、人は忘れないものだ。その人が将来大きく成長したときに、その優しさが何十倍にもなって返ってくること。この法則を一流の人たちは知っているのだ。


ビジネスシーンでも同じ。

新入社員や新しいスタッフほど親切にしよう。

その文化をつくり上げることを意識しよう。

毎年新しい新卒者が入ってくる組織にいる30代のあなたは、率先してそれをおこなう必要がある。

もちろんのことだが、新人だけではなく、アルバイトの学生やパートの主婦の方など、自分より立場の弱い人を大切にすることも同時に忘れてはいけない。

人は優しくされた人を好きになり、その人のために働きたいと思う生き物だ。

のちにくわしく話すが、人に親切にすることは「徳」を積むということ。

そして、その徳はいつか必ずあなたに返ってくるようになっている。

このあり方を30代のうちに身につけよう。

そうすれば長い年月にわたり、あなたのまわりには、放っておいてもたくさんの人が集まってくるようになる。

30代のうちに「目上を大切にする心配り」を身につける

■成功者にはランチをおごれ

最近、私がお世話になっている先輩からこんな話を聞いた。

とてもやる気のある起業家から「どうしても話を聞きたい」と言われ、時間をとって彼と会ったときのこと。時間と店を彼に任せると、高級店のランチの時間を指定してきたらしい。

彼は、とても素晴らしい学びを得ることができ、忙しいなか自分のためにわざわざ時間をつくってくれた先輩に感謝の気持ちを伝えたくて、さりげなく会計を済ませておいたというのだ。

成功者と呼ばれる人や、上の立場に立つ人は、普段から人におごることが当たり前になっている。

おごられる側も口にはしないが、そうしてもらうのが当たり前だと思っている。

そう言うと、「そんな立派な人が相手なら、なおさら豪華な夕食を準備するほうがいいのでは？」と思うかもしれない。

しかし、成功者や目上の人にご馳走するのは、ディナーでなくランチがいい。

そこにも、理由がある。

ディナーはランチよりもあきらかに高額になるだろう。お酒が入るかもしれないし、そのまま2軒目、3軒目……という流れになることも考えられる。

となると、おごられた側からしたら、高額になればなるほど、相手に対して「申し訳ない」と思うだろうし、起業したばかりの若者に、そんな高額を出させるわけにはいかなくなる。ゆえに、結局は自分が支払いをしなければいけない状況になってしまう。

成功者であるほど、そういった気遣いには敏感だ。

しかし、ランチなら高額になる心配はない。

レストランやカフェなら少々豪勢な場所だとしても、いって2000〜3000円前後が相場だ。ホテルのランチでも数千円といったところだろう。

気遣いができる人に気を遣わせないためには、そのくらいの金額がちょうどいい。

だから彼は、あえてそのランチの時間を指定したのだ。

「人におごられたことなんて数年ぶりだよ。いつか彼を茂久にも紹介したいなあ。いい男なんだよ」

先輩はうれしそうに、私にそう言った。

会ったことはないが、その彼は確実に伸びると思った。

事実、その先輩はすっかり彼の虜になってしまっている。

こうしてまわりの人たちを味方にしながら、応援の風を背に受けて、その彼はこれからも駆け上がっていくはずだ。

彼の行動は、相手がどんな成功者であろうと、その人の立場になって気遣いすることの大切さを教えてくれる。そして、そう考えられる人は、人のことも、そして自分の人生もうまく動かすことができる。

このように普通の人との逆をやるダイヤモンドの原石のような若者は、必ず希少価値が上がっていく。理屈で考えても、そんな人をまわりが放っておくはずがない。

■成功者も上司もリーダーも、みんな感情を持った一人の人間だと知る

「成功者」や「リーダー」と呼ばれる人が普段どんなことを考えているか、想像してみたことはあるだろうか？

よく人生を山登りにたとえる人がいるが、たしかに人は立場が上になればなるほど、素晴らしい景色を見ることができるだろう。

いまなら、社会的に成功した人が住むタワーマンションや、高層階のオフィスなどにたとえてもわかりやすいかもしれない。

「その美しい景色を見れば、ここまで登ってきた苦労など忘れてしまう。だからこそ、頂

上へ向かって努力し、邁進すべきだ」

そんな文言をよく見かけるが、実際に山登りをした人に聞いてみると、最初はうれしくても、やがてその状況に人は慣れていき、最初の感動は薄れていくらしい。

同時に上に行けば行くほど酸素は薄くなり、苦しい場面も多々出てくるという。

その苦しさをまわりの人に気づいてもらえないと、孤独を感じている人も少なくはない。

よく「社長は孤独だ」という言葉を耳にすることがあるが、それはまさに頂上ならではの苦しさから生じる悩みなのだろう。

しかし、部下からすると、「社長」というだけで、なぜか自分とは違う人種と感じており、社長には悩みなどあるわけがないと無意識に思っている人も多い。

そんなことはない。

社長でも上司でも、誰もが普通の感情を持った人間だ。

事実あなた自身も、「30代って、もっと大人と思ってたけど、意外と昔と変わらないなあ」と思ったことはあると思う。

それと同じで、立場が上がったからといって心が激変するなどということはない。成功者やリーダーとはいえど、同じ人間にそのバッジがついただけだ。

本質は普通の人と変わらない。相手がどんなに立派な成功者であろうと、同じ人間であることに変わりはないのだ。

30代は、部下や後輩が増えるぶん、中間管理職として、社長や上司の気持ちも理解しなければならない時期だ。

自分よりも目上の人の気持ちもわかり、部下の気持ちも理解しなければいけない年代だからこそ、気遣いのアンテナを敏感に作動させなければならない状況が数々出てくるのだ。

だからこそ、相手の立場を理解し、大切にする習慣をつねに意識してほしい。

30代のうちに「お酒との上手な付き合い方」を知る

■前時代のコミュニケーションのあり方をバカにしない

「そんな考え方、古いよ。昭和の価値観でしょ」

そう思われることを覚悟しながら、この項目を書く。

少し前までは、仕事帰りに上司が部下とお酒を飲みながらコミュニケーションを図る「飲みニケーション」が、当たり前の風潮であった。

しかし、最近はそういった場は激減しているという。

仕事とプライベートはきちんと切り替えたいという若者が増えたことと、「飲みニケーションもパワハラのひとつだ」とマスコミが騒ぎ立て、上司が部下に声をかけにくくなってしまったという2つの理由から、上司と部下がお酒を飲むという機会が減ってしまったのだ。

同様に、喫煙所でのコミュニケーションも減ったように思う。

禁煙ブームにより圧倒的に喫煙者が減ったことが理由にあるが、昔はみんなが当たり前のようにタバコを吸っており、いろいろな人がランダムに集まる喫煙所は、閉ざされた空間だからこそ不思議な連帯感が生まれたものだ。

いまの20代の主流は家飲み、もしくは気の置けない仲間だけとの飲みだという。

30代はちょうど部下と上司の間に挟まれているので、「仕事が終わったら家に帰りたい」という20代の部下の気持ちもわかるだろうし、「たまには部下と飲みに行きたい」という40代以上の上司の気持ちもわかるだろう。

お酒の場に誘うこと。これが「パワハラ」になるのかどうかは、私は知らない。

しかし、事実「政治で本当に大切な決めごとは、芸者遊びの奥座敷で決まる」という言葉があるほど、人のコミュニケーションの歴史は、酒とともにある。

時代が変わったとはいえ、人の心やコミュニケーションのあり方やそれらに対する希望が、そう簡単に激変するとは考えがたい。

■酒の場が出世の鍵になることだってある

私の経験からすると、お酒の席に誘われても100パーセント断るビジネスマンは、間違いなく先行きは暗い。

仕事がうまくいっている人は、行く場所をしっかりとジャッジしながらも、ほとんどの確率で、そういう場に参加しているからだ。

そういう人だからこそ、目上の人から可愛がられる。

独立起業していようがサラリーマンをしていようがそれは関係なく、目上の人から可愛がられるということこそ、出世につながっていく鍵だ。

上の立場にいる人が人事を決めるのは、いまも昔も、そしておそらくこれからも変わりはしないだろう。

つまり、あなたが出世をしたい、ビジネスで成功したいと思うなら、どんなかたちであれ仕事とお酒を切り離して考えてはいけないのだ。

その場に足を運び、上司や先輩たちの話を傾聴することができるか否かで、あなたの人間関係は決まる。

断っておくが、これはお酒が飲める、飲めないの問題ではない。

そして、泣くほど嫌になる人と飲みに行こうという話ではない。

あくまで、あなた自身が「この人の話を聞いてみたいな」という人でいいのだ。

ウーロン茶を飲んでいてもいいから、仕事の場を離れ、人が素直になるその場にいるということの大切さを知ってほしい。

■1年に一度や二度は、気が進まないこともやってみる

前述した通り、人は歳を重ねるにつれ、若いころと比べて頭が固くなり、人の意見に聞

く耳を持てなくなってしまう傾向にある。

30代はもっとも我が出やすい年代ではあるが、柔軟性と自我を兼ね備えた年代だからこそ、人生の先輩の経験談や意見を聞くべきなのだ。

先を歩いた人の話には、必ず何かしら学びがある。

あなたのまわりにいるすべての上司が成功者とはいえないかもしれないが、いつも顔を合わせる先輩や上司にお酒の場に誘われたら、たまには足を運ぶべきだ。

社会は自分の思う通り、自分の心にしたがって行動すれば、すべてがうまくいくというものではない。

たまには、いや、もっと具体的にいえば、1年に一度や二度くらいは、どんなに嫌な時間だって受け入れなければいけない状況もある。

相手はあなたと関係性を深めたいと思って誘っているだろうし、その気持ちに応えることも、ある意味ではひとつの優しさである。

一度つきあってみて、その場が愚痴や悪口ばかりの非生産的な場所だったとしたら、次から行かなければいいだけだ。

話してみると意外と意気投合して、その人に対する見方があなたの誤解だったというケースが生まれないとも限らない。

逆もしかり。

あなたが後輩や部下と良い関係性を築きたいと思うなら、たまにはお酒の場に誘ってみるといいだろう。彼らの思わぬ本音を知る、そのきっかけになるかもしれない。

後輩の機嫌ばかり取らなくていい。

そんな先輩はかえってなめられる。加減にもよるが、最低限、先輩としての存在を保つためにも、たまには声をかけてみることをおすすめする。

30代は、何があっても葬式だけには足を運べ

■人が喜んでいるときより、悲しんでいるときに駆けつけることができる人であれ

30代になると、結婚式や葬式など人生の節目に立ち会う機会が増えるだろう。

そして、冠婚葬祭での立ち振る舞いこそ、あなたのあり方を問われる場だ。

となると、30代のうちに冠婚葬祭の基本的なマナーは必ず頭に入れておく必要がある。

その際、あなたに何より大切にしてほしいもの、それは結婚式ではなく、通夜や葬式だ。

これには可能な限り、足を運ぶことだ。

どうしても行けない場合は花を出すだけでもいい。とにかくスルーをしないことだ。

こういう考えに至ったのも、私の大先輩が、30代はじめのころの私に教えてくれたエピソードがもとになっている。

私の地元、大分県中津市に住む、私にたくさんのチャンスをくれた大恩人の社長と、こんなやり取りをしたことがある。

ある日、その社長が若いころにとてもお世話になった知り合いが亡くなったと連絡を受けたそうだ。

社長は、その日の予定をすべてキャンセルし、急いで大分の中津から福岡空港まで2時間かけて行き、そのまま北海道行きの飛行機に乗った。飛行機は約2時間半。新千歳空港から約40分かけて札幌に到着。そこからタクシーで30分。

飛行機に乗るまでの搭乗時間も含め、ざっと計算すると約7時間。

葬儀場に到着したのは、お通夜が始まる前の時間だった。

どうしても葬儀も出たかったのだが、次の日の朝から、業者さんも呼んでおこなう経営ミーティングを前々から決めていたということで、香典を置き、亡くなった恩人の顔だけ見て、そのままとんぼ返り。

遺族の方たちも、感動を通り越して、その行動力にポカンとしていたらしい。

香典を渡すためだけに、往復14時間。

その話を聞いて、思わず私はこう聞いてしまった。

「遠いし、香典を送るだけでもよかったんじゃないですか？」

すると、

「いいか、茂久。葬式こそ可能な限り足を運べよ。これが結婚式だったら行かなかったと思う。あとからいくらでも『おめでとう』と伝えることができるからな。けど、葬式はその日しか故人に挨拶をすることができない。だからこそ、足を運ぶということに意味があるんだよ。まあ、その恩人の顔も最後に見たかったしな」

と、話してくれた。

たしかに結婚式の日程は前もって知ることができるが、葬式のスケジュールを事前に知ることはできない。であればなおさら、故人に挨拶ができるのもその日以外にない。

親族やよほど大切な人以外、葬式に足を運ばないという人も多い。

しかし、30代ともなれば、自分の仕事の穴埋めをしてくれる部下の1人や2人、必ずいるはずだろう。であれば、訃報がきたら、できる限りすぐに駆けつけるべきであり、それが何より遺族にとって励みになることを忘れてはいけない。

■私が、きずな出版から本を出し続けさせてもらっている理由

母を亡くしたときに、社長が言っていたことの意味とありがたさをしみじみと感じた。

いま私は著述業の10年のなかで、きずな出版からもっとも多く本を出させてもらっているし、これからもそうしていきたいと思っている。

それは、母の通夜に、きずな出版の櫻井秀勲社長と岡村季子専務が駆けつけてくれた恩と嬉しさを、義理やお世辞を抜きにして、いまでも忘れることができないからだ。

いろんなところから本を出させてはいただいていたが、そこまでしてくださったのは、きずな出版ただ1社だけ。私の一番つらいときに、わざわざ東京から九州まで足を運んでくれた、「きずな」の文字通り、仕事以上の関係で繋がっている私の大切な人たちなのだ。

葬式というと、故人との縁の区切り目と思ってしまいがちだが、故人との関係性が消滅するというわけではなく、むしろ亡くなったことでより深いつながりを得るための儀式が葬式の本当の意味だ。

そして、故人と近い人たちから感謝されるということは、故人とのつながりをより強くするということなのだ。

人は結婚式に来てくれた人よりも、葬式に来てくれた人を忘れることはできない。

正直、私自身も結婚式に誰が来てくれたかはあまり覚えてはいないが、母の通夜と葬儀、あのつらいときに来てくれた人のことは決して忘れない。

故人の親族やまわりの人たちにしても、あなたが葬式に来てくれたことはしっかりと胸に刻まれ、そして心から喜んでくれるだろう。

人生の幕を下ろす瞬間に立ち会うことの大切さは、葬式でしか学ぶことができない。

であれば、訃報がきたら可能な限り、すぐに駆けつけよう。

そういった心遣いと行動力を、30代でしっかりと身につけるべきだ。

第5章

30代で身につけておくべき習慣力

30代のうちに「話し方・呼び方」の節度をわきまえる

■人はその人の言葉の使い方をじっと観察している

30代になると部下が増えたり、役職を得たり、仕事を任せられたりすることが増え、20代に比べ、仕事に対して気持ちにも自信と余裕が出てくる。

しかし、そんなときこそ、もっとも気を張らないといけない。

なぜなら、気持ちに余裕が出てきたときこそ、心が緩み、それが言葉や態度に表れてしまうからだ。

30代になり、それなりの結果を出すと、心のなかでどこか風を切って歩きたい気分になることがある。自分の自信と結果を態度で表したいという願望が、ムクムクと頭をもたげてくる。

その気持ちもわからなくもない。しかし、ここで気をつければ、いままで築き上げたものを壊してしまう可能性がある。

その代表例として、口の利き方が挙げられる。

ポジションが上がったとき、人に対する話し方や言葉遣いには、以前に増して、より一層の注意を払わなければいけない。

私は経営者として、また著者や塾の代表として、さまざまな世代、職種の人たちと話をする機会が多い。その職業病なのかもしれないが、「この人は最近、気持ちの緩みが出ているな」ということをすぐに感じてしまうことがある。

たとえば、敬語と友だち語を交ぜながら話をする人。

昔から親しい仕事仲間ならいいが、そこまで親しい間柄でもないのに、会話の途中で

「そうだよね！」などと言い始めたりする。

言ったほうは覚えていないくらいのことだろうが、言われた側は意外とそのひと言が「あ、そういうスタンスで来る人なんだな」と、マイナスの意味で印象に残ってしまったりするものだ。

先輩に「敬語を使わないでいいよ」と言われることもあるかもしれない。

しかし、ビジネスシーンにおいては、いくら仲の良い先輩や上司にそう言われても、敬語を使っておいて損はない。

■呼び方は相手との距離感を示すバロメーター

言葉の節度と同時に、相手に対しての「呼び方」にも注意をはらおう。

言葉遣いと呼び方はリンクしており、呼び方こそ、相手の心の緩みのオンオフを知るためのもっともわかりやすいサインとなる。

たとえば、父親が社長でその息子が後継ぎとなるという場合。

仕事上では上司だが、父親だからといってあまえた口調で話したり、まわりの人が「社長」と呼んでいるなか、一人だけ「親父」と呼んでいる息子がいたら、部下たちはどう思うだろうか？　表面には出さなくとも、心のなかでは当然、彼を「一人前」として扱うことはないだろう。

言葉遣いや呼び方は、心のあまえが投影されやすい。だからこそ、その場に合わせて切り替える必要があるのだ。

かくいう私も社長ではあるが、昔からみんなに「しげ兄《にい》」と呼ばれていた。

しかし、塾の代表や著者という肩書きが増えると、自然とまわりから「先生」と呼ばれるようになった。

最初は「先生」と呼ばれることに慣れず、なんとなく違和感を抱くこともあったが、塾生たちと話し合い、塾のなかでは「先生」と呼ばれることになった。

なぜなら、塾長という立場においては、「先生」と「受講生」という関係性のほうが、お互いにとって良い距離感を保つことができるとわかったからである。

最近だいぶ慣れてはきたが、その呼ばれ方を受け入れることに数年も時間がかかったということは、それだけ塾生たちより、私自身の心のほうがいつまでもあまえた環境に慣れていたという証拠だろう。

相手と良い距離感を保ちたいなら、そのときの立場や関係性に合わせた話し方・呼び方を意識しておいて絶対に損はない。

TPOに合わせて服を替えるように、歳を重ねるにつれ、その場に適した言葉遣いや呼び方に切り替えて使い分けることができる人こそが、本当の意味で大人の仲間入りができるのだ。

30代のうちに、バーチャルな世界への依存から抜け出そう

■SNSでは本当の自己肯定感は満たせない

いまや時代の定番になったSNS。

LINEやFacebook、Twitter、Instagramなど、誰もが何かしら利用しており、ビジネスマンのなかには名刺交換した相手のSNSをチェックすることが習慣化しているという人も多いと聞く。

たしかに、SNSはその人の基本情報や経歴、仕事の状況などを知ることができる便利なツールである。

しかし、相手の基本情報や投稿を見たところで、はたして相手のことをどれくらい知ったことになるだろうか？

そもそも、ＳＮＳとはバーチャルな世界であり、リアルな世界ではない。ＳＮＳ上でしか会話をしたことがない相手と、偶然街中ですれ違ったとしても、あなたは相手のことに気がつかないだろう。

また、ＳＮＳ上で何百人という友だちがいたとしても、リアルな悩みを打ち明けることができるのはそのなかの数人ではないだろうか。

つまり、ＳＮＳ上のつながりはあくまで仮想空間。リアルな世界では通用しにくいのだ。現実社会でモノをいうのは、結局はその人個人の持った人間力だ。

ここに気づかずに、いまだバーチャルな世界だけで自分の価値を見出し、「いいね」の数で自己肯定感を得ようとしている人も少なくない。

これだけＳＮＳが飽和している現状では、自分のリア充生活をひけらかしている人ほど、逆に「現実世界では、自己肯定感を得ることができない人なのかも？」などと思われてしまう危険性もある。

■SNSを通して、人はその人のあり方を見ている

そもそもSNSとは、「発信する人」「コメントする人」だけでなく、そのやりとりを客観的に見ている「第三者」がいることを認識しなければならない。

何かひとつ投稿をアップするときに、コメントをくれる仲の良い友だちがどう思うかも大切かもしれない。しかし、それよりも一歩俯瞰して、その発信がまったく知らない第三者にとってどう映るのか、ということも意識すべきだと思う。

もしあなたが、「最近、SNSに飽きたなあ」と感じているなら、SNSはバーチャルな世界だということに気づいた人であり、時代の流れが見えている人である。

私のまわりの優秀な人たちも、最近はもっぱら「ビジネスのためだけ」とか、「自分のブランドを確立するため」と割り切って使っている人が多い。

もし、あなたが自己顕示欲を満たすためだけにSNSを利用していると感じるのなら、一度見直すこともひとつの方法かもしれない。もしくは、いますぐにその世界から逸脱す

る必要があるかもしれない。

なぜなら、あなたがいまやらなくてはいけないことは、バーチャルな世界よりも、現実社会での仕事のスキルアップや人間力の向上だからだ。

あなたの現実の人生は、リアルな世界でしか進むことができないのだ。

30代は、20代の10年よりも速い速度で時間が過ぎていく。

流れが速いにもかかわらず、やらなくてはいけないこと、決めなくてはいけないことがたくさん出てくる忙しい年代だ。

だからこそ、バーチャルな世界に時間やエネルギーを使いすぎてしまうことには気をつけよう。

30代という時間は宝だ。

その宝を、本当に価値あるものに重点を置いて使ってほしいと切に願っている。

30代のうちに、読書の習慣を身につける

■出版業界の現状

いつの時代も成功する人間は、必ずといっていいほど、本を読む習慣を持っている。これは共通している事実だ。あなたもこうしていま本を読んでくれているということは、読書の習慣がある人だと思う。

私は、出版業界が好きだ。

講演やセミナーで直接お客様の顔を見て話をするのも楽しいが、それでも本をつくる楽しさに勝るものはない。

しかし実際、最近の出版業界は著しく伸び悩んでいるという実情がある。

本離れ、活字離れに輪をかけて、この15年間で町の書店が4割も消えているという現実がある。

あなたの住んでいる街でも「あれ、駅前の書店がなくなっている」なんてことはないだろうか？

私自身、20代前半は出版社の営業マン、そして40代は執筆業と、気がつけば出版業界にどっぷりつかっているわけだが、その立場から見て、電車のなかで人が本を読んでいるという日常的な光景が、恐ろしいほど減った。むしろ、消えたと言っていいかもしれない。

いまや皆さんが手に持っているものは、ほとんどがスマートフォン。

しかも見ているのは電子書籍ではなく、ほとんどがSNSかネットのキュレーションサイトなど。これは出版業界にとって大きな問題だ。

何らかの本を読んでいる人を見つけると、それが私の本じゃなくても、その人に声をかけて、お礼を言いたい気分になる。

■眺めるだけでもいいから書店に行こう

スマートフォンの普及、書店の減少にともない、本の購買方法も変わってしまった。

いま、アマゾンなどのネット書店が伸びているが、出版不況はそれが原因ではないかと私は考えている。

そもそも本とは、「この本が読みたい」という目的買いよりも、ふと立ち寄った書店でタイトルの気になる本をふと目にして購入するというケースがほとんどだった。しかし、その書店自体がなくなってしまうと、当然その機会は減ることになってしまう。

20年前くらいまでは、書店に並んでいる本のなかから、自分がピンときた本を買うというスタイルが一般的だった。しかしいまは「この本は売れている」と、ネットで目にする話題の本をオンラインで購入するというスタイルが主流となっている。

本を読む人と読まない人。

こうしてこの本を手に取り、読み進めてくれているあなたは前者側の人だ。

そもそも本を読む習慣のない人は、この本も読んでいない。だから読む側の人の肩を持つような言い方になってしまうかもしれないが、これだけは言い切ることができる。

30代を豊かなものにするひとつの大きな鍵は、本だ。

30代は教養を得るために、とにかく読書の習慣を身につけてほしい。

最低でもひと月に1回は、書店に足を運び、お気に入りの本を買うという習慣を持つべきだ。

書店にただ立ち寄るだけでもいい。並んでいる本を眺めていると、どんな本が売れていて、いま世の中が何を求めているのかがうっすら見えてくる。それを知ることだけでも、あなたのビジネスに必ず役に立つ。

これは私が著者だからそう言っているのではない。私自身、人生で先が見えなくなったとき、道を照らしてくれたり、ピンチを越えていくきっかけをくれたのが本だったから、そう言っているのだ。

本で出会うたったひと言で、人生が変わることがある。

「人生を変えたい」「成功したい」と思うなら、まずは読書の習慣を身につけよう。

スマートフォンを片手に暇をつぶしていた時間を少しでも減らし、1冊でも多く本を読み、価値のある情報を得る努力をしてほしい。

■読書とは読者と著者との一対一でつくり上げる人生の創造作業だ

これが正しいかどうかはわからないが、出版業界の一隅に携わる人間として、そして情報発信に携わる人間の最低限のモラルとして、私は自分のなかにある最大限の価値ある情報・真実をあなたに届けたいと思っている。

いまから10年前、35歳から本格的に執筆業を始め、いままで30冊近くの本を出版してきた。経営者の世界のなかで、少々異端扱いをされることもあったが、本を出すことにこだわり、執筆し続けてきたことには大きな理由がある。

それは、本ほどダイレクトに人の心や人生、そして未来を創っていくきっかけをくれるツールはほかにないことを確信しているからだ。

情報化が進みすぎ、選択肢が増え、何が正解かを選ぶことが困難になりすぎているいまの時代。テレビによる印象操作、ネットによる情報の氾濫に惑わされ、真実は何なのかわかりづらい世の中になった。

しかし、いつの時代も、成功する人はメディアリテラシーの出口を本に求める。

本は大量の情報を一方的に流し続けるテレビとも違うし、誰でも簡単に発信することができるネットとも違う、信ぴょう性が高い情報源のひとつだからだ。

本には必ず「学び」がある。

その学びを得たいと思った人のためだけに語られるため、ダイレクトに心に届きやすい。

また、本は著者と読者を一対一でつなぐため、信頼関係なしでは成り立たない。

だからこそ、伝えることにウソや無用な慰めがあってはいけないと私は思っている。

自分の信念に従って、この本に正直な思いを詰め込んでいるつもりだ。

この想いがどこまであなたの共感を得ることができるかはわからないが、お互いしっかりと向き合って、ともに豊かな人生をつくっていこう。

30代のうちに「本物の情報をつかまえる力」を身につける

■ほとんどの情報は無料化されていく

ネットがあれば、どんな情報でも簡単に得ることができる時代になり、人々は「情報はタダで手に入る」という価値観が常識となった。この流れはおそらく止めようがないだろう。

ということは、現代のように情報の海のような世界では、情報の価値はどんどん下がっていくということになる。これは火を見るよりあきらかなことだ。当然、価値の下落とともに無料に向かっていく。

いまから約20年前、20代前半のころ、私は出版社の営業をしていた。

その当時、「黒船がやってくるぞー」と業界内が騒然としていたことをよく覚えている。

その黒船とは、インターネットとフリーペーパーのことだった。簡単にいえば、情報が目に見えるかたちで無料になってしまったのだ。

これは戦後、人の履物が下駄から靴に替わったくらい大きな変化であった。

下駄屋は靴屋に商売を鞍替えすればいい。しかし、有料で売っていたものが無料になってしまっては、そのビジネスは成り立たなくなってしまう。

情報の無料化はこんなところにも現れる。

YouTubeなんかを見ても、それまで講演でたくさんの人を集めていた先輩方や、私もたくさん音声やプログラムを買って学んできた先生たちが、無料で情報を提供しているではないか。

まさに、情報商戦は買い手市場。

お客様はパラダイス、売り手は地獄の構図ができあがってしまった。

■情報が溢れれば溢れるほど、本物の情報は価値が上がっていく

「こんな時代だからね」と愚痴ばかり言うのは簡単だが、時代のうねりというものは、人が簡単に止められるものではない。

しかし、嘆くことばかりではない。表があれば裏あり、影あれば光あり。

これからの時代は確実に情報は無料化へと進んでいく。片側から見ると、これはお先真っ暗に見えるかもしれないが、そんなことはない。

立ち止まって考えてみてほしい。

ダイヤモンドは、なぜあんなに高いのか?

答えは簡単。数が少ないからだ。希少なものは値打ちと値段が上がる。

情報がとてつもない価値を持っていたのは、情報の数と、手に入れることができる場所が少なかったからだ。

安物、偽物の情報が溢れかえるということは、本物の情報の価値はどんどん上がってい

くということだ。

これだけの情報量のなか、本当に人に幸運をもたらすことのできる情報は、価値が上がる。

何でも安くなるってものではない。出所不明な根拠のない情報がはびこっていくなかで、確実性を持った情報は、いわば砂浜のなかで拾うダイヤモンドみたいなものだ。

いや、はびこっていけばいくほど、その価値は相対的に上昇していくということになるだろう。

本物と偽物を見分ける力さえ持っていれば、時代の波なんか関係ない。

何かが生まれることにより、何かが淘汰されるのは時代の常。

そう考えると、厳しい時代なのは、いまも昔も変わらない。大切なのは、あなた自身がどのように本物の情報をつかむ力を身につけるかということだ。

30代を惰性ではなく計画的に過ごす

■30代の時間割りをつくろう

時間は、すべての人が平等に持っている唯一の資源だ。

そして、その資源をどう使うかはその人の自由である。

30代は仕事や結婚、健康や将来のことなど、選択の連続だ。

しかし、時間は限られたものだと意識すれば、いま何を選ぶべきなのか答えが明確になる。だからこそ、時間を大切に扱うことこそが、これからの人生を決める大きなポイントとなるのだ。

そのとき、漠然と「時間をどう使うか」と考えるのではなく、「自分の人生の時間をどう使うか」ということに焦点を合わせて考えてほしい。そう考えるだけで、時間というものが大きな価値を持っているように感じるはずだ。

ぼんやり頭のなかで思いを巡らすだけではなく、40歳までの「30代の時間割り」をつくってみよう。

時間割り通りにはいかないこともあるかもしれないが、「自分の人生の時間」という概念を意識して過ごす良いきっかけにはなるはずだ。

また、30代は20代と違って、少しずつ体力の低下を感じ始める時期だ。もちろん40代はさらに感じると思うが。

そのため、休みの日は疲れた体を休ませるためだけに使っているという人も、20代に比べれば格段に増える。

そういうときこそ、趣味を持ったり、運動したり、自己研鑽をしたり、好きなことをして、自分のための時間を有効に使うことを習慣化するべきだ。

■休みのときまで仕事に関連するような趣味は持つな

30代の趣味は、できるかぎり短時間で自分のスキルアップに繋がるものが理想だ。

こういうと敵をつくるかもしれないが、私は30代でのゴルフはあまりおすすめしない。

もちろんゴルフは、昔からビジネスのコミュニケーション目的でおこなわれることが多く、縦社会を象徴している趣味であることは重々承知だ。

しかし、ゴルフは1回コースを回るだけでも半日以上かかる。

そしてコースを回るとなれば、会社の上司や先輩、取引先の方々に気を遣いながら協調性を重んじなければならない。

その後の飲み会がセットになると、丸一日潰れることになる。

休日をそこに使うのはかろうじてアリとしても、練習のために仕事中に打ちっぱなしにハマってしまう人も多いし、さらには初期投資もかなりかかる。

付き合いや出世のためだけにゴルフを始めようかなどと思う人も多いかもしれないが、それだけのためにゴルフを始めようと思うなら絶対にやめたほうがいい。

30代は多忙だ。

結婚すれば、自分一人の時間さえ取れなくなるだろう。

であればなおさら、自分にとって確実にプラスになる有意義な趣味を持つべきだ。

趣味とは、未来の自分への投資に繋がるものでありたい。

時間のかかる趣味は、社会でやることをすべて終えてからでも遅くはない。

自分という花を咲かせるために種を蒔く。

そんな趣味を持ち、新しいことに挑戦してほしいと思う。

30代のうちに「正しい金銭感覚」を身につける

■借金をする人の3つの特徴

30代になると、いろいろなことで不自由さを感じ始めることが増える。

そのなかの大きなもののひとつに「お金」がある。

というのも、同じ30代でも、稼ぐ人とそうでない人の差が顕著に表れ、その現実を突きつけられ始めるからだ。そして、その現実を埋めようと、お金に対してさらに貪欲になってしまうのだ。

それを証明するように、「借金をするのは30代がもっとも多い」という調査結果がある。

たしかに、30代になると会社での地位も上がり、後輩や部下にご馳走しなければいけない機会も増える。それに加え、身なりを整えるためにもお金がかかるし、さらには結婚式や葬式などの冠婚葬祭も増えてくる。

そういった諸々の必要経費に所得がついてこず、借金に手を出してしまうのだ。

借金癖のある人の特徴は大きく分けて3つある。

大きくまとめてしまうと、「見栄っ張りな人・人と比べがちな人・そして先延ばし癖のある人」だ。

人より自分を良く見せたいがために、見栄を張り、「いつか返せばいいや」という軽い気持ちで借金に手を出すという心理状態に陥ってしまうのだ。

もちろん、お金を稼ぐことは大事だし、貪欲に稼ぎたいと思うことも大切なことかもしれない。それに、30代は自分にお金をかけるべきだし、そのためにはお金は絶対に必要になる。

しかし、お金は薬にも毒にもなる。

だからこそ、使い方を間違えてはいけないのだ。

■お金の意味を考えてみる

あなたがもし、「お金が欲しい」と強く思っているなら、「なぜお金が欲しいのか」という理由のほうに思考をいったんシフトチェンジしてほしい。そのとき、あなたは明確な理由をはっきり答えることはできるだろうか？

コーチングをしていても、「なぜお金が欲しいの？」と聞くと、「たくさん海外旅行に行きたいから」とか「良い車に乗りたいから」と答える人が多い。

しかし、

「なぜたくさん海外旅行に行きたいの？　そこが本当は目的じゃないよね。あなたがほしいのは、そのときに味わえる感情だよね？　海外旅行に行ったときの感情にもっとフォーカスして考えてごらん」

と聞くと、途端に言葉に詰まり出す。

つまり、お金は「豊かな生活をするために必要なもの」と考えており、本当に欲しいのは「お金自体」ではなく、「豊かな生活」なのだ。

もちろん「豊かな生活がしたい」と思うことは、人間として当然のこと。

ならば、ただ「お金が欲しい」と思うだけでなく、お金を得たあとの目的に意識を向けてみるのだ。

すると、あなたが欲しいと思う豊かな生活は、他人から見たら「すでに手に入れている」ように見えると気づくこともあるかもしれない。

それに、お金を稼ぐことに対して、

「海外旅行に行くことが、果たして豊かな生活なのだろうか？」

「良い車に乗ることが、自分にとっての本当の幸せなのか？」

という新しい思考が芽生えるはずだ。

そのうえで、本当は何を手に入れたくてお金が必要なのか、もう一度考えてみるべきである。

30代のうちに「外見を整える意識」を持つ

■見られていることを意識する

どんなに仕事ができても、どんなにコミュニケーション能力が高くても、身なりが汚いと、残念ながらその人の評価は低くなる。

とくに、女性が多い職場やコミュニティのなかでは、身なりに関するディティールを敏感な目で見られていることを意識しておくべきだ。

というのも、女性は感情で動く傾向が強いため、相手に対しての印象が感情に左右されやすいからだ。

いまやどんな分野でも女性がバリバリ活躍している時代であり、どんな職場でも仕事ができる女性の上司や先輩、後輩が必ずいるはずだ。であればなおさら、身なりは清潔にしておいて損はない。

これは女性においても同じことがいえる。

30代は、必ず自分磨きに投資をするべきだ。

少なくとも、20代よりは経済的にも余裕ができるはずだし、そのぶん美容院やネイル、エステなど、自分をキレイに保つためにお金をかけることもできる。

最近は、男性の美容整形も流行っているようだが、それは見た目がビジネスに影響を与えることの証拠であり、大いに利用していいと思う。

そして、もうひとつ。持ち物もそれなりに上質なものを持つことを意識しよう。

財布、時計、靴は人からもっとも見られやすいアイテムだ。

20代のころから使っていたものをそのまま使い続けるのではなく、年齢に見合ったワンランク上のものに買い換えたほうがいいだろう。

だからといって、やたらとブランド物を持てばいいというわけではない。

あなたが理想とする、30代が使っていいそうなアイテムを、少しでいいから持ってみるということだ。

もしいま迷っているとしたら、少し背伸びをするような気持ちで思い切って購入してみるのもいい。

人からの見た目もそうだが、それにより、あなた自身のモチベーションが上がるのなら、それは必要な投資だ。胸を張って購入していいと思う。

「外見は内面の一番外側」という言葉もある。

自分という器の最低限の装飾には、気を遣おう。

そうすることで、不思議と自分のセルフイメージも上がり、また20代とは違った大人の品格を意識することにつながるだろう。

終章

30代をどう生きるか

30代で安易な道や近道を探すな

■誰もが飛びつくうまい話に、成功への近道などない

この本を読んでくれているあなたは、「手っ取り早く稼ぎたい」とか、「楽してお金を儲けたい」と思っているような人間ではないと思う。もしくは、たとえ一時的に思ったとはしても、その手の広告や誘いに疑問を持っている人だと思う。

そもそも、そういう人はこの手の生き方本を選ばないはずだし、自分がどう生きるかという意識より、金儲けについての具体的なノウハウ本を手に取っているはずだ。

つまり、あなたは自分改革の一歩を踏み出している人であり、そういう人は必ず素晴ら

しい30代を手に入れることができる人だと私は確信している。

だからこそ、私は著者として真実を伝えなければならない。たとえそれが言いづらいことであっても、著者はそういう責任を負うべき立場だと私は思っている。

私が伝えたいことのひとつに、「人生に近道はない」という事実がある。

人生において、手っ取り早く何かを得たいとか成し遂げたいという人も多いが、手っ取り早く本物を得ることは絶対にできない。

スポーツと同じように、ビジネスも簡単にプロになることはできないし、努力せずにエリートにはなれない。そもそもそんな方法があれば、すでに標準化されているはずだ。

万が一、手っ取り早く何かを得たとしても、それは非常に不安定で継続性を持たない。

簡単に手に入れられるものほど、失いやすく壊れやすいものはない。

■わかりやすい近道を選ぶことが、結局は一番の遠回りになる

人間の性《さが》なのか、多くの人はなるべく早く、なるべく楽に手に入れたいと思ってしまう。

そして、簡易的でもいいから手に入れたふりをすることで、自己満足してしまうのだ。

たとえるなら、偽物の剣の刃を一生懸命振りかざすようなもの。

エッジを利かせ磨き上げれば、見栄えはそれなりに見える。だが、戦ってみるとすぐに偽物だとわかるだろう。そして、そんな偽物の剣を必死になって磨いている人が多いことに驚くことも少なくない。

あなたが新しいことを始めたいとか、何かを本気で手に入れたいと思うなら、「手っ取り早く」という概念はそれこそ手っ取り早く捨てたほうがいい。

本物を手に入れたいなら、偽物の剣を磨くのではなく、基礎を磨くことだ。

人生を80年としたら、30代の始まりは午前9時。しっかりと睡眠をとり、朝食をゆっくり済ませ、今日一日の目標を立てるのには最適な時間だ。

だからこそ、あせる必要はない。まだまだ時間は十分にあるのだ。

30代でいかに「徳」を積み上げることができるか

■貸しの多い生き方があなたの未来を開いてくれる

「一会全力《いちえぜんりょく》」

メンターからもらった言葉を、私は心のなかで大切にしている。

出会った人に自分のなかで最大限、何ができるかと考えて動くという意味だ。

幼いころ。小中高大学。そして社会人になってから。

これまで30年以上生きているあなたにも、さまざまな人たちとの出会いがあったと思う。

いい出会いもあっただろう。

しかし、出会った人がすべて良い人ばかりではなかったはずだ。

どうしても波長が合わない人、もう二度と会いたくないと思う人が誰でも1人や2人いると思う。

しかし、裏を返せば、そういう人がいるからこそ、大切な人の存在に気づくことができたともいえる。

人は、出会いなくして成長はない。

30代が人生の9割を決めると言い切れる理由は、人生において、一番出会いの場が増えるこの年代だからこそ、成長するチャンスも増えるという意味を持っているからだ。

大切な人と出会ったとしても、つねに対等な関係でいることが大切になる。

しかし、出会った人と持ちつ持たれつの貸し借りの関係バランスのなかで、「借り」より「貸し」の数が多いほうが、確実にあなた自身、胸を張って自由に生きることができる。

このことをあなたに知ってほしい。

「借り」が多い人は、まわりに対して不義理を繰り返すため、次第に信頼されなくなっていく。一方、「貸し」が多い人は、人間力を上げ、結果的にまわりからの信頼を得ることができる。

何よりも、貸しの多い人生のほうが涼やかに生きることができるのは、やはり誰の心のなかにも良心というものがそなわっているからなのかもしれない。

■「徳々銀行」に預金を積め

昔、近所のお坊さんにこんな話を聞いたことがある。
人は誰かに喜んでもらえることをした時点で、目に見えない預金が増える。
この預金のメモリを「徳」と呼ぶ。
この「徳々預金」を預ける銀行は天に存在する。
ひとつ人に良いことをする。
そうすると「貸し徳」の預金が、1となる。
さらに、相手に気づかれずに喜ぶことをした場合は、「貸し徳」の預金は10になる。

やったことを相手が知らないほど、多くの徳を積むことになるのだという。

だから人に良いことをすれば、結果的にお前が一番得をするんだよ、という話だった。

昔は「おとぎ話みたいな話だな」と思って聞いていたが、40年以上生き、仕事上たくさんの人の人生と向き合ってきたいま、あのお坊さんが言っていたことはあながち嘘じゃないような気がしている。いや、むしろいまは信じているというレベルまできていると言っていいかもしれない。

徳を積む。それは身近な人間関係に限ったことではない。

誰も見ていなかったとしても、道に落ちているゴミを片づけたり、電車のなかで見知らぬ人に席を譲るといったことも、徳の預金を増やすことになる。

そして、その預金が多いほど、いつか思いもよらないかたちで自分に返ってくる。

何よりも、自分の良心に対して涼やかに生きていける。これだけでも儲けものだ。

30代の10年間でいかに徳を積めるか。

その思考を持っているのといないのとでは、40代になったとき、徳の預金には大きな差が生まれているはず。

であれば、惜しまずに、貸して貸して貸しまくろう。

最初は自分のためでもいい。

いきなり「人のために」と力まなくてもいい。

まず、できることからでいいんだ。

そういう気持ちを持つこと、そしてその気持ちのメモリをゆっくりと上げていくことが、あなたをもっとも美しい生き方に導いていく。

それにしても、まさかあのときお坊さんが言っていたことを、自分がこうしてあなたに伝えるようになるとは夢にも思わなかった。

そう考えると、いつかはあなたがこの話を誰かに伝えているとしても不思議なことではないと思う。その日がいまから楽しみだ。

30代、あなたが前を向く理由

■あなたの大切な人は笑っていますか?

人は、「この人のためならがんばれる」という人が一人でもいれば、必ず前を向くことができる。

この人のために。そう聞くと、家族の顔を思い出す人が多いだろう。

しかし、ここはあえて家族を外して考えてほしい。家族が大切な存在なのは普遍的である。だからこそ「家族以外の誰か」という意味で考えてほしいのだ。

たとえば、あなたがお世話になっている上司や先輩、知り合いのなかで、この人のためなら心血を注げると思える大切な人はいるだろうか。

この人のためなら、少しくらいの無茶もいとわない。

そんな気持ちにさせてくれる人がどれだけいるだろうか。

家族という個人的な場ではなく、社会というオフィシャルな場において、「この人を笑顔にしたい」と思う人がいるなら、あなたは社会人としての自分が確立されている証拠であり、その思いが支えになり、どんなことがあっても前を向いて歩くことができる。

■どんな道を選びますか？

30代は独身の人もいれば、結婚をして子どもがいる人もいる。

社長という役職についている人もいれば、転職したばかりという人もいるだろう。

しかし、どんな環境であっても、どんなポジションについていたとしても、人が生きていくために大切なことは、とにかく前を向いて歩くことだ。

人は後ろ向きで歩けない。前を向いて歩くからこそ前に進むことができる。

あなたがあなたの人生という道を進むなかでは、さまざまな出会いがあるだろう。

しかし、道は突然、枝分かれをする。ずっと一緒に歩いてきた仲間とそこで別れることがある。それでも笑顔で自分の選んだ道を進もう。人生とは、この枝分かれの連続だ。

そして、最初の大きな枝分かれが、この30代でやってくる。

もし、あなたが道に迷うなら、あなたの前を歩く人を、目を凝らしてよく見てみよう。

そこにあなたの大切な人がいれば、あなたは迷わずその道を進むことができるだろう。


あなたがどんな道を行くかは、あなたしか選ぶことができない。しかし言い換えれば、自分の行く道は自分で決められるということだ。

つまり、あなたはあなた自身が思うより、本来は自由なのだ。

自由という武器を持ちつつ、自分が進みたいゴールに向かって進もう。

そこにはむずかしい知識やキャリアは必要ない。進みたいと思う気持ちがあれば、あなたはどこまでも自由に進むことができるのだ。

大切な人を笑顔にするために。そして、その隣にいるあなたが笑顔でいるために。

30代のうちに、一度は知覧に行け

■年に一度は人生の終わりを考えてみる

よく驚かれるのだが、私は自分の誕生日に、毎年遺書を書いている。人生を悲観しているわけではない。

この作業を自分の生まれた日にし、新しい歳を始めることこそ、より良い人生を過ごすために必要なことなのだ。

20代のあなたなら、「終活」や「エンディングノート」という言葉が話題に出ても、まだ自分とは関係のないことのように捉えているかもしれない。しかし、死はあなたが思うほど遠い存在のものではない。

おそらくあなたは「明日も、来月も、1年後も私は生きている」と信じ切っているだろう。しかし、事故や病気で突然亡くなった人も、同じようにそう思っていたのだ。

残念ながら、人は誰もいつかは必ず死を迎える。死なない人はいないのだ。となると、死は非常に身近なものだと頭では理解できる。

私が遺書を書く大きな理由は、2つある。

1つは、「残された家族のため」だ。

人が亡くなれば必ずその本人しかわからないことが出てくるだろう。遺産や遺品など物質的なものだけでなく、どんな人脈があったか、亡くなったあとにやってほしいことや、どうしても伝えておきたいことなどを家族に書き残す必要がある。

そしてもう1つは、「自分がいま、生きていることを認識するため」だ。

遺書を書くことで死を認識するぶん、その前に立ち上がってくる「生」を感じることができる。すると、いまこうして生きている世界がまったく違った世界に見えてくる。オーバーな表現になるが、生かされているということに不思議なくらい感謝が湧いてくる。仕事をして、美味しいものを食べて、仲間と話をしてという当たり前の生活が、いかにありがたく、素晴らしいことなのか、あらためて気づかされる。そうやって命の大切さと向き合うために、私は遺書を書いているのだ。

これは私が28歳のころから始めた、年に一度のルーティーンワークだ。

■生きるということを教えてくれたきっかけになった場所

私が遺書を書くきっかけとなった話をさせてもらおう。

それは鹿児島県の「知覧《ちらん》」という場所を訪れたことから始まった。

『人生に迷ったら知覧に行け』(きずな出版)という本のなかでも書いたが、鹿児島に行商に行った際に立ち寄った「知覧特攻平和会館」と「ホタル館富屋食堂」が、私の人生観を変えることになったのだ。

知覧といえば、いわずと知れた特攻隊の聖地だ。

特攻隊とは、第二次世界大戦の末期に日本軍が編制した攻撃部隊のことで、17歳から25歳という若者たちが日本を守ろうと、爆弾を積んだ航空機もろとも敵艦に体当りした。

そして、「知覧特攻平和会館」「ホタル館富屋食堂」には、彼らが書いた多くの遺書が展示されている。その多くの遺書は、出撃直前に書かれたもの。

しかし、国のために命を捧げることに対し、怒りを表す人はおらず、愛や思いやりにあふれた内容ばかりで読んだ人の心を打つ。

初めて彼らの遺書を読んだとき、「私が彼らの立場だったら、残された人の心配をする余裕があるだろうか」という気持ちになった。それと同時に、私よりもはるかに若い彼らから、男としての覚悟の差をまざまざと見せられた気がした。

なにより「生きる」ということを考えさせられた貴重な日となった。

その後、知覧で多くの縁に恵まれた私は、2012年から「ホタル館富屋食堂」の特任館長という大役を務めることになった。毎年春には多くの仲間たちと「知覧フォーユー研修さくらまつり」を開催し、そのたびに自分の過去を振り返り、命の大切さを再確認している。

■人生に迷ったら知覧に行け

いま30代のあなたからしたら、人生はまだまだこれからであることは、もちろん変えようのない事実であるし、そうであってほしいと願う。

しかし、かたや10代や20代前半で、未来の日本のために死んでいった若者たちを思うと、普段から「死」を意識することの大切さも知っておかなければいけないと思う。

ライフスタイルの目まぐるしい変化が付きまとう30代に、自分の死について考えている余裕はないと思う人もいるかもしれない。

しかし、自分の人生が終わるとき、何を残すか、何が残せるかを考える時間を、1年に一度、ほんの少しの時間でもいいからつくってほしいのだ。それだけで、生きる姿勢がまったく変わってくる。

「人間の命はね、限りがあるんだよ。

だから一生懸命、いまを大切に生きていかなきゃいけないんだよ」

これは特攻隊の母と呼ばれ、多くの特攻隊員を励ましてきた、富屋食堂の鳥濱トメさんの言葉である。

シンプルな言葉だが、これを発したのが、幾人もの死にゆく特攻隊員たちに「お母さん」と呼ばれた人の言葉だと考えると、とても深く、そして重い。

日本は、やっと年間の自殺者が3万人を切った。

しかし、逆をいえば、まだ2万数千人も自分で自分の命を絶つ人がいるということだ。

自殺率の高さ。この現状は国単位でもっと真剣に議論されるべきことだと思う。

生きているのに「死にたい」と思う人もいれば、死にたくないのに「死ななくてはいけない」人もいる。人の命とはいったい何なのだろうか。

その答えは誰も見出すことができないかもしれないが、遺書を書くことで少しでもその答えに近づくことができるはずだ。

感性の豊かな30代のうちに、機会をつくって、ぜひ知覧に足を運んでみてほしい。必ず何かが見えてくる。

30代の半分は「大切な誰かのために」生きてみる

■出会う人に「フォーユー精神」を

自分のことは、意外と自分ではわからない。

そのせいか、自分が30代になっても「私は昔から何ひとつ変わっていない」と感じている人も多いだろう。

しかし、いくら自分では変わっていないと思っても、まわりからは、「30代のあなた」をつねに求められていることを決して忘れてはならない。

30代は管理職候補として期待される反面、仕事に対してのあまえや失敗が許されなくなる。一人のプレイヤーとして、確実に結果に結びつけなければならないというプレッシャーに押しつぶされそうになるのも、30代ならではの悩みだろう。

いまや働き方改革やワークライフバランスが推奨されているものの、働き盛りの30代にとっては、仕事と生活の調和が一番むずかしい課題といえるだろう。

さらに結婚、出産、マイホームの購入など、選択することを余儀なくされ、あせる気持ちに拍車がかかるという人も少なくない。

そういうときは、悩んでいることが「自分」のためなのか「まわりの誰か」のためなのか、という物差しで見るといい。

人は、相手を思う気持ちを行動に移すとき、不思議な力を発揮する。

自分のためだったら途中でやめてしまうことも、大切な誰かのためとなるといとも簡単に成し遂げてしまうことも多々ある。

そのためにも、あなた自身が「この人のためなら」と思う人を持てるといい。損得もない、無条件で助けたいと思う人がいるだけで、あなたの世界はみるみる変わっていく。

いまはまだ、そういう人に出会っていなかったとしても、それを今後の課題にすればいいい。自分のため、誰かのため。あなたが何歳であろうと、大切な人を思い、いまいる場所を把握し、ゴール地点を明確にしさえすれば、30代は気持ちひとつでどうにでも生きられる。


そして、その道中では、必ずあなたの行く手を阻む人が現れるだろう。

あなたが変化し、成長することへの嫉妬や妬みが大きな原因のはずだ。

そういう人が現れたときこそ、あなた自身が前進している証拠だと自信をもって歩んでほしい。

いま自分が何を持って歩んでいるのかを知ろう。

自分にとって本当に必要なもの、そうでないものを明確にすると、目標や夢に曇りがなくなり、進む道がさらに明瞭に開けてくるだろう。

30代はまだ若い。とはいえど、死に向かっていることも事実だ。

だからこそ、時間を意識しよう。あなたの人生のなかで「30代」は、たった10年しかないのだ。

30代は「喜ばれる人になる」ための大切な10年だ

■「まずは自分を幸せにしよう」は人を本当に幸せにするのか？

「喜ばれる人になりなさい」

幼いころから、ことあるごとに母に言われていたこの言葉。

十数年が経ったいま、人間関係やビジネスにおいて、より豊かな心を築くために必要なことが、このひと言で簡潔に言い表すことができる。素敵な言葉だと、我が母ながらあらためて感心する。

そして、若いころは「またその話かよ」と思いながら聞いていたこの言葉は、いつのまにか私のど真んなかに据わり、現在、提唱している「フォーユー精神」の源となっていった。

一方で、「フォーミー精神」を正当化している人も少なくない。

「自分が幸せにならないと、人を幸せにすることはできない」という言葉がある。

この考え方をいう人は、よくシャンパンタワーの法則を例にあげる。

「自分が幸せになったあと、グラスから溢れたぶんが結果的にまわりを幸せにする」と言っていることになる。

ある意味、それも逆から見ればひとつの真理だと思う。

しかし、このシャンパンタワーの理論で多くの人が見落としていることがある。

それは、頂点にいる自分自身というグラスのなかにシャンパンを注いでくれているのは、自分ではなく、まわりにいる誰かの手である、という事実だ。

トップにいるシャンパングラスに勝手にシャンパンが湧いてきて、それが溢れるなら可能かも知れないが、そんなことは不可能だ。

そもそも、まずは自分を幸せにする、それができないから人は困っているんだ。

安易な「フォーミーのすすめ」という流行りは危険だと思う。

そもそも誰もが「自分が幸せじゃないと、人を幸せにできない」ほど、人間の愛や良心というものは弱っちいものではない。

この考え方を盲目的に信じ込んでしまうと、命がけで子どもを産む母親や、無条件に人のために動いている人たちの気持ちや行動が成り立たなくなってしまう。

フォーユーとは、言い換えれば愛だ。

愛はつまり、人のど真んなかにある、決して涸れることのない魂の湧き水だ。

少し熱くなってしまったかもしれないが、断言する。

人を幸せにすることによって結果的に手に入れる幸福も、この世には存在する。

むしろそっちのほうが、本来の人間の美しいあり方だと思う。

■フォーユー精神こそが「誰もが幸せになるたったひとつの方法」だ

たとえば、まずは自分が幸せになることを目的としている人たちに、パンをひとつ与えたら、取り合いになる。

まるで小さな戦争のように、パンを奪い合う事態になるだろう。

当たり前だ。まずは自分の幸せが先なのだから。

合理的に考えて、誰もがみんなで幸せになりたいと心から真剣に思っている。

自分ひとりだけの幸せがどんなものなのか、誰もが本能で知っている。

であれば、まずは自分が相手のためにできることをやるのが先決だ。

「大切な人のために」

そういう気持ちで行動すると、波長の法則が作用して、あなたのまわりには、あなたと同じように「人を幸せにしたい」と願う仲間たちが集まってくる。

そして、同じような志を持った仲間に囲まれるということは、結果として、恒久的な自分の幸せにつながるのだ。

あなたが電車のなかで見知らぬ人に席を譲り、「ありがとう」と言われたとき、あなたの心はとても満たされるはずだろう。その思いは「席を譲ってもらったとき」よりも大きな充実感を得ることができるはずだ。

つまり人は、人を幸せにすることで幸せを感じるようにできているのだ。

だからこそ、まずは人から喜ばれる人になろう。

30代はとかくマンパワーを必要とする年代だ。

ビジネスもそう。人間関係もそう。結婚も、子育てもそう。

すべては人とのつながりであり、そのつながりが人生を大きく左右する。

それならば、誰もが幸せになれる「フォーユー精神」を持とう。

キャンドルサービスのように、あなたがまわりにいる人たちに、一人ずつフォーユーの火を点火していくと、結果としてそのセンターにいるあなたの場所が一番明るくなる。

それこそが、結果として良い人生・良い未来を得る鍵なのだ。

30代、これから次世代を担う人たちへ

■30代、誰と出会い、誰と共に歩くか

30代はまとめてひと言で言うと「出会い」の時期だ。

誰と出会い、誰と共に歩くかで、この10年だけでなく残りの人生の9割が決まる。

これからビジネスや恋愛など、さまざまなシーンで数多くの出会いがあなたを待っているが、ひとつずつ確実にその出会いをしっかりと活かしながら力強く歩いていける、そんな人になってほしい。

そのためには、理想とする30代を強く思い描くこと。

そして、その理想に近づくために必要とする人、そうでない人を見極める力が必要だ。

出会いがあれば、別れがある。

どこかで聞いた失恋ソングのようなフレーズだが、30代を生きるあなたは、進んでいくために生まれる「別れ」を寂しいと思ってはいけない。

誰かと出会うことによって、離れなければならない人もいるだろう。

しかし、それはあなたが成長するために必要な別れなのだ。

いま、あなたが本当に必要と思う人だけを残し、大切にしながら、全力で30代を生きてほしい。

いつか来る30代の終わりに、振り返ってみると、いままでいた世界とはまるで違った場所にいることにあなたは気づくだろう。しかし、そこが本来のあなたの生きる場所であり、そこがどこなのかを知るのが、この30代なのだ。

■犬が気づかせてくれた大切なこと

最後に自分ごとを話して申し訳ないが、意味のあることなので聞いてほしい。

最近、犬を飼い始めた。

トイプードルのティーカップサイズ。

名前は「とら」「さくら」「ひな」「ももこ」という。

同じ犬種を4匹飼っているのだが、同時に4匹を飼い始めたわけではない。

まずは1匹を飼い、その後、1匹ずつ増えていったわけだが、その4匹を見ていると、まるで本当の子どもたちのように思えて仕方がない。

犬とはいえ、人間と同じように彼らにもそれぞれ独特の個性がある。

たとえば最初に飼い始めた長男の「とら」は穏やかなのんびりタイプ。まさに長男気質であり、何をするにも慎重だ。

ついでやってきた長女の「さくら」は、やんちゃそのもの。ついたあだ名は「ミス自分ファースト」。

次女の「ひな」は、空気の読めるタイプで、全体を温かく包むような母性に溢れたおだやかな性格。

そして、特別体の小さい三女の「ももこ」は、末っ子ならではの一番の甘えん坊……というように、それぞれ性格がまったく異なる。

この子たちと過ごした半年間で、ふと気づいたとても大きなことがある。

それは、**この子たちのキャラクターは、生まれながらに持っていた性格というよりも、いまいる世界のなかで自分の立ち位置を把握し、自分の性格を確立したのではないだろうか。そしてこの現象は、人の性格形成も同じことがいえるのではないだろうか、**ということだ。

動物はそれぞれの関係性のなかで、それぞれの力関係をつくっていく。

そして性格とは、持って生まれたものというより、関係性の力学のなかで生じる立場によって決まるものなのではないだろうか。

人も同じ。誰と生きるかで、性格は変わる。

他人との関係性のなかで折り合いをつけ、自分のキャラクターをつくっていく適応力。

そして、これこそが、人が生きていくために必要な能力ではないだろうか。

だからこそ、その力学を良い方向に使うためにも、あなたには素敵な人と出会ってほしい。その方法はこの本を読んでくれたあなたなら、もう理解してくれたはずであろう。

■あなたという30代の希望へ

できることなら、20代や10代に向けての本も書きたいと思った。

しかし正直言って、いまの10代や20代が何を考えているのかは私にはわからない。

そしてこの本を書き終えるいま、私にそこをわかる必要もないと思っている。

なぜなら、20代の人たちにその希望を届けていくのは、いまの30代を生きるあなたの役割なのだから。

いつの時代も次世代を育てるのは、そのひとつ前の世代だ。

だから40代を終えるときまでは、私は30代中心の支援家でありたいと願う。

最後になるが、世界の鉄鋼王であるアンドリュー・カーネギーの墓石には、

「己より優れた者をまわりに集めた者、ここに眠る」

と書いてあるらしい。

世界の偉大な大富豪は、

「**自分は良い出会いと優秀な仲間たちがいてくれたらいいと願って生きた。そしてそのおかげで、私は私であり得ることができた**」

こう伝えているのだ。

それくらい、誰と出会い、誰と共に歩くのかということが人生を大きく左右するということなのだろう。

人生の幕を閉じるとき、大切な人に囲まれ、自分の人生は良い人生だった、自分に生まれてきてよかった、こう言える人生を送ってほしい。

そして、あなたがそう思える人生を送ることができるかどうかの鍵は、この30代という10年間をどう生きるかにかかっている。

最後に、もう一度質問する。

あなたは30代をどう生きる?

あとがき――
本音で生きるということ

「どう生きるか？」

このテーマは深い。そして〝こうすればいい〟というはっきりした定義づけがとてもしにくい分野だ。

その答えは、あなたのなかにある。この本はあくまでひとつの提案だと思って、ここからはあなた自身が行動を通して自身の答えを見つけてほしい。

そしてもうひとつ、最後にお伝えしたいこと。

それはこの項目のすべてを、一気に身につけようとはしないでほしいということだ。

項目のなかで、「あ、これは共感できるな。まずここを意識してやってみよう」という部分を見つけて、やることを絞り込みながら、期間を決めて試してみる。そうすることで、あなたのまわりに起きる現象がゆっくり変わっていく。

その実感をしっかり味わっていただきたい。そのための伴走役として、この本を使ってほしい。その結果として、あなたの人生に変化が起きれば、著者としてこんなに嬉しいことはない。


30代を無駄に生きるな。

この本は私にとっても、著者としての自分のあり方を問われる企画だった。

「著者として、どう生きるか？」ということに対して、今後のあり方を決めてくれた大きなターニングポイントになった。

ここまでたくさんの本を書いたり、たくさんの人の前で話をさせてもらってきた経験を振り返ってみると、その都度、いろいろな思いが交差してきたことを思い出す。

本音を言うと、発信していくなかで、どこか媚びてきたところがあることは否めない。

なるべく本音で伝えようと意識はしてきたが、すべての本を「100パーセント本音で書いています！」と胸を張ることはできない。

「こんなことを言ったら嫌われるかな」

「ここまで書いたら売れないかも」

そんなことを、心のどこかで計算しながら書いた本もある。

私は「伝え人」をビジネスとしてやっているから、正直、売れないと困る。

だからと言って、ただ耳障りのいい言葉だけを並べた本で、ベストセラーになったとしても、どこか心が自由じゃないような気がする。

私自身もまだ学びの途中。

いろいろ学んで、たくさんの生き方を知っていけばいくほど、本音で生きるということが、その後の自分の結果に直結するということがわかってきた。自分の本音を知り、ありのまま伝えること。そして自分の本音を理解し、共感してくれる人に出会えること。

これこそが、人生をさらに豊かなものにしていく。

この本を書き始める前に読んだ、とあるベストセラー書籍で「自由とは嫌われることである」という言葉があった。

それを見て、ひとつ決めたこと。

どう思われるかを気にせずに、自分のなかで大切だと思ったことを伝えよう、ということだった。そして、この本はかなりこの目標に近づくことができたのではないかと思う。


しかし、それは私一人で決められることではないし、私一人で近づけたのではない。本を出すということは、一緒につくってくれる出版社や編集者さんがいてくれるということなのだが、

「売るための本をつくるのか？　それとも伝えるための本をつくるのか？」

やはりいつもこの話題になる。

おかげさまで、私は10万部を超える本をこれまで何作か出すことができたが、振り返ると、その本は全部が、

「売るためではなく、伝えるための本をつくろう！」

と誓い合った編集者さんたちとつくったもの、つまり自分の本音を書いた本だ。

今回は久々にそのチームで臨むことができた。

この場をお借りして、今回の企画に携わってくださった方々へお礼を伝えたい。

ここまで著者として私を育ててくださった、きずな出版の櫻井秀勲社長、岡村季子専務、本当にありがとうございます。引き続き温かいご指導のほど、どうぞよろしくお願いいたします。

「思い切って本音でいきましょう！　責任は私がとります」と背中を押してくれ、現場で企画と共に向き合い、一緒に闘ってくださる小寺裕樹編集長、ありがとうございました。やっぱり編集長との企画はいつもながらワクワクします。ここからもいろんな企画を共にしていただく予定になっていますが、どうぞよろしくお願いいたします。

今回はじめて編集協力として携わってくださり、ここから始まる私の出版支援プロジェクトに参画してくださることになった加藤道子さん、安田ナナさん。おかげさまで本当に円滑に進めることができました。ありがとうございます。

いつも九州の現場をしっかりと守ってくれている（株）人財育成ＪＡＰＡＮ、そして東京で新たに生まれた新会社である（株）ＦＯＲ ＹＯＵ ＪＡＰＡＮのみんな、永松茂久プロジェクトのメンバーたち、永松塾の仲間たちへ。

みんながんばってくれているおかげで、心置きなくこの本に没頭することができた。この本が生まれたのは、みんなの支えのおかげだよ。これからもみんなで楽しく航海していけることを本当に嬉しく思うし、ここから始まるみんなの物語が楽しみです。想像を超える未来へ、共に進んでいこう。

最後に、この本を通して出会ってくださったあなたへ、心からの感謝を申し上げます。あなたの30代が、さらに輝いたものになりますように。

新しい私たちのオフィス「麻布ときわ荘」にて、４人の小さなプードルに囲まれながら

感謝

永松茂久

著者プロフィール

永松茂久　（ながまつ・しげひさ）

株式会社人財育成JAPAN 代表取締役／株式会社FOR YOU JAPAN代表取締役／永松塾主宰／知覧ホタル館富屋食堂特任館長。

大分県中津市生まれ。「一流の人材を集めるのではなく、いまいる人間を一流にする」というコンセプトのユニークな人材育成法には定評があり、全国で多くの講演、セミナーを実施。「人のあり方」を伝えるニューリーダーとして、多くの若者から圧倒的な支持を得ており、講演の累計動員数は40万人にのぼる。

経営、講演だけではなく、執筆、人材育成、出版コンサルティング、ビジネスコーチング、イベント主催、映像編集、ブランディングプロデュースなど数々の事業を展開する実業家である。また、鹿児島県南九州市にある「知覧ホタル館富屋食堂」の特任館長も務め「知覧フォーユー研修さくら祭り」など、自身が提唱する「フォーユー精神」を培う研修をおこなっている。2019年4月、東京に自社のセミナールームである「麻布『翔』ルーム」をオープン。同時に自身の実業・出版・講演の経験をベースに、ここから飛び立つ人たちのコーチングプログラム「NEXT」をスタート。

著書に『心の壁の壊し方』『男の条件』『人生に迷ったら知覧に行け』『言葉は現実化する』『影響力』（きずな出版）、『いい男論』（クロスメディア・パブリッシング）、『黙っていても人がついてくるリーダーの条件』（KADOKAWA／中経出版）、『感動の条件』（KKロングセラーズ）、『図解 言葉は現実化する』『図解 うまくいく人だけがやっている38の習慣』（PHP研究所）、『人生に迷う君に送る24の手紙』（プレジデント社）、『人は話し方が9割』（すばる舎）など多数あり、累計発行部数は110万部を突破している

永松茂久公式ウェブサイト
https://nagamatsushigehisa.com/

30代を無駄に生きるな

2019年12月14日　第１刷発行
2023年６月25日　第23刷発行

著　者　　永松茂久

発行人　　櫻井秀勲
発行所　　きずな出版
東京都新宿区白銀町1-13　〒162-0816
電話03-3260-0391　振替00160-2-633551
http://www.kizuna-pub.jp/

編集協力　　加藤道子・安田ナナ
ブックデザイン　池上幸一
印刷・製本　　モリモト印刷

ISBN978-4-86663-093-9

きずな出版